CÔTE À CÔTE

Étude comparative de l'anglais et du français

Copyright © 2015 par Virginia Institute Press, une SRL Villa Magna

Tous droits réservés. Aucune partie de ce livre ne peut être reproduite ou utilisée sous quelque forme et par quelque moyen que ce soit, électronique ou mécanique, y compris par la photocopie, l'enregistrement, ou par tout système de stockage d'information et de recherche documentaire, sans l'accord écrit de l'éditeur.

Virginia Institute Press révise tous les ouvrages qu'elle publie afin d'assurer une qualité linguistique. Virginia Institute Press n'est pas responsable des erreurs de contenu dans la présente publication. Toute erreur de contenu éventuellement trouvée dans cette publication relève de la seule responsabilité de son auteur ou de ses auteurs, qui approuvent la version finale de leurs propres travaux. Virginia Institute Press et les auteurs ne sont, en aucune manière, responsables de l'utilisation par le lecteur du contenu de cette publication.

Pour plus d'informations, veuillez contacter :
Virginia Institute Press/Villa Magna, LLC
PO Box 68425
Virginia Beach, VA 23471

ISBN : 978-1-940178-16-5
Première édition
Conception de la couverture par https://www.facebook.com/polokostudio

Imprimé aux États-Unis d'Amérique

Copyright © 2015 by Virginia Institute Press, a Villa Magna, LLC company

All rights reserved. No part of this book may be reproduced or utilized in any form or by any means, electronic or mechanical, including photocopying, recording, or by any information storage and retrieval system, without permission in writing from the publisher.

Virginia Institute Press edits all works it publishes for linguistic quality. Virginia Institute Press is not responsible for any content errors found in this publication. Any content errors eventually found in this publication are the sole responsibility of its author or authors, who approve the final version of their own work. Neither Virginia Institute Press nor the author or authors are responsible in any way whatsoever for the reader's use of the contents in this publication.

For information, contact:
Virginia Institute Press/Villa Magna, LLC
PO Box 68425
Virginia Beach, VA 23471

ISBN: 978-1-940178-16-5
First Edition
Cover Design by https://www.facebook.com/polokostudio

Printed in the United States of America

Cette page a été laissée intentionnellement blanche
This page intentionally left blank

Table of Contents

Côte à Côte
    A comparative approach to French (and English) through cognitive analysis 9
    Rationale 9
    Methodology 10
    Ultimate objective 11
Avis au professeur et à l'étudiant 13
La raison d'être de cet ouvrage 13
    L'objectif 16
    L'usage du manuel 18

PREMIÈRE PARTIE 21
CHAPITRE 1 23
    La notion d'unité 23
CHAPITRE 2 37
    L'utilisation des dictionnaires 37
CHAPITRE 3 51
    La caractérisation 51
    I. Vision concrète vs. vision abstraite 51
CHAPITRE 4 67
    La caractérisation (suite) 67
CHAPITRE 5 79
    L'expression du nombre 79
CHAPITRE 6 85
    La dérivation 85
CHAPITRE 7 93
    La phrase 93

DEUXIEME PARTIE 105
    Procédés fréquents de traduction 105
CHAPITRE 8 107
    I. Procédés de traduction littérale 107
    II. Procédés de traduction oblique 113

TROISIEME PARTIE 131
CHAPITRE 9 133
    L'articulation du discours 133

    I. Les connecteurs 133
    II. Coordination et subordination 137
CHAPITRE 10 143
    Les niveaux de langue 143
    La tonalité du message 143

Other Foreign Language & Culture Books
by Virginia Institute Press 150

Côte à Côte

A comparative approach to French (and English)

through cognitive analysis

<u>Rationale</u>:

 Anyone who speaks another language besides his/her own has surely noticed many differences in the nature of vocabulary, sentence structures, expressions, and imagery. We sometimes hear such sayings as: «Language is culture,» or «A language *is* an open window into a culture.» Yet in our foreign language courses, we teachers seldom create an opportunity to have our students ponder on what causes these differences. There exists, however, a school of linguistics that views language occurrences and peculiarities as reflecting <u>conceptions</u>; <u>mental grasping</u> of the realities we experience. Due to the influence of a positivist school of linguistics prevalent in the United States, which is centered on description alone, our foreign language pedagogy has been almost entirely separated from this philosophical approach.

 The philosophical approach maintains that common realities, objects, actions, thoughts, etc., are mentally grasped by people of different cultures in their own specific manner, mostly unconsciously. These cultural perspectives, inherited from the past, are still reflected in the current formulation of their languages. Thus the language we began to learn at birth leads us to view and express our surrounding world from our specific angles and logic. Simple objects are named differently from language to language: a *flashlight* is a *lampe de poche* (*pocket lamp*) in French. Across cultures, actions and situations do not often coincide linguistically either: for example, when an English speaker says: «He *lost his life* in an accident,» a French speaker instinctively will say: «Il a trouvé la mort dans un accident.» (translated literally: He *found death* in an accident.). Yet we are speaking of the same thing. And there is nothing poetic or stylistic in this last sentence; it simply is <u>*the*</u> «normal,» idiomatic way each of the two cultures views this situation. When an American <u>gets on</u> the bus, the Frenchman <u>climbs up in</u> the bus: «Il <u>monte dans</u> le bus.» The American <u>enters on</u>to a surface (<u>*on*</u> the bus); the Frenchman <u>steps up into</u> a space (*in, inside* the bus). And there are millions of such differences between the two languages...

There are also significant distinctions in the typical patterns and tendencies that reflect the specific vision of each language. Exploring them can stimulate the learning of a foreign language, since this type of linguistic/cultural analysis appeals to the age and intellectual maturity of a university student (as using this approach for many years in undergraduate courses has shown the author). This study ultimately leads to the student's realization that every culture is right in its own vision and logic, and no culture is wrong. It also provides an incentive to resist the natural and easy tendency to use the structures of our native language to speak in the other language. And ultimately it promotes tolerance toward other cultural views.

One obvious way of offering such an opportunity to our students is through the situation of translation, which places two languages side by side to express often *common* realities. Since pedagogical materials based on this approach are in short supply to achieve this objective, this proposed textbook should help to fill a gap. **It should be understood that these materials constitute much less an introductory translation textbook, than a different approach to language acquisition. This explains why this textbook can fit in several classroom situations, as indicated below.**

<u>Methodology</u>:

Regarding teaching materials, there is one exception, though: J.-P. Vinay and J. Darbelnet's well-known <u>Stylistique comparée du français et de l'anglais</u> (Paris: Didier, 1977), offers this approach. Their theoretical book and the two <u>Cahiers d'exercices</u> (Montreal: Beauchemin), were designed for graduate level courses. **In our view,**

however, this approach should be introduced at an earlier stage in the foreign language curriculum, before bad habits have a chance to crystallize, namely at the *undergraduate* level (where it has already been tested for years). So, in the footsteps of Vinay and Darbelnet, the textbook we are proposing here is intended for courses at the *intermediate* and *3rd-year French* levels. It can be used:
1) for a basic introduction to translation
2) as supplemental materials to a traditional intermediate language program
3) as supplemental materials to a 3rd-year composition course (translation being a type of composition), or
4) as an addition to a grammar review.

This textbook contains a large selection of exercises, introduced by immediate theoretical explanations and directions. For greater exposure to French, the entire book is written in clear and simple French, with the more difficult words and expressions instantly translated in parentheses into the text. So the flow of reading remains fairly uninterrupted, while providing translations of words and expressions as illustrations. Along with the exercises, a few excerpts of texts by well-known writers have been added as authentic examples of the structures being studied in a given chapter. These excerpts are also utilized for further problem solving.

Ultimate objective:

The main objective of this book is not merely to explore through analysis the differences in conception and structures of both languages, but also to help develop ultimately a deep sense, an «instinct» (and not pure mechanical memorization) for what is structurally possible in French and what is not. Reaching this competence is absolutely essential if one wishes to achieve fluency in any language, since on a daily basis we present and react to situations we have never encountered before: Invention is indeed in the very nature of language. So new combinations of words must be instantly coined, while respecting the norms of the target language, and not those of the source language (as is too often the case, enabled as it is by the linguistic permissiveness of the so-called «communicative» methods of the past 30 years). Short of this competence, our language learners will keep producing a sort of *creole*, a hybrid of English and French called «Frenglish» or «Franglais,» understood mostly by people who already speak both French and English...

Avis au professeur et à l'étudiant :

Ce manuel a été conçu principalement pour enseigner le français à des étudiants de langue anglaise. Car c'est là, après tout, la vocation des départements de langues modernes de notre côté de l'Atlantique, où ce livre a vu le jour.

Mais, tout bien considéré, la méthode développée dans cet ouvrage est entièrement réversible. Tout est donc en place pour stimuler aussi les étudiants francophones désireux de se perfectionner en anglais. Les explications linguistiques comparent en effet des schémas, des structures ou des patterns de chaque langue, et le nombre d'exercices est exactement le même pour les deux langues.

La méthode suivante est conseillée : un étudiant anglophone aura d'abord intérêt à aborder les exercices proposés en français, car il sera généralement plus facile pour lui de trouver l'équivalent anglais. L'étudiant de langue française utilisera le procédé inverse. Pensez à ce que les deux étudiants pourront accomplir en travaillant en collaboration !

***

La raison d'être de cet ouvrage :

Une personne qui ne parle que sa langue maternelle peut s'imaginer qu'il suffit de mémoriser un grand nombre de mots d'une langue étrangère pour communiquer dans cette langue. S'il en était ainsi, une bonne mémoire des mots et une bonne oreille pour la prononciation suffiraient pour communiquer aisément et clairement dans cette langue étrangère. Or rien n'est plus éloigné de la réalité que cette idée-là.

Si, quelques mois plus tard, après avoir étudié une langue étrangère, cette personne observe deux textes côte à côte, l'un étant la traduction de l'autre, elle remarquera bien vite que les différences sont nombreuses, non seulement dans le choix du vocabulaire, mais aussi dans la disposition des mots (la syntaxe), la forme des mots (la grammaire), le nombre de mots employés, la nature des images et des expressions, la longueur des deux textes, etc. En fait, il y aura peu de cas où une phrase aura gardé tels quels dans le texte traduit les mots qu'un dictionnaire bilingue propose comme équivalents habituels. Il y aura peu de cas où la construction de cette phrase dans le texte d'origine aura été préservée intacte dans le texte traduit.

En définitive, les différences qui apparaissent dans toutes ces catégories du langage sont au moins aussi fréquentes que les similarités. On pourrait alors se demander quelles en sont les causes.

Avec une certaine dose de frustration, on pourrait même critiquer un étranger de ne pas « parler comme tout le monde », quand il s'exprime dans sa propre langue. Car après tout, c'est notre langue à nous, cette langue si « universelle », n'est-ce pas (?), que nous parlons depuis notre naissance. Cette langue anglaise si naturelle (!), qui est la manière absolument « normale » de dire les choses comme elles sont ! Souvenons-nous de cet homme (un autre Archie Bunker ?) qui disait : « *If English was good enough for Jesus Christ, it's good enough for me* » !

Or, pour expliquer ces différences, il existe dans le domaine de la linguistique une école philosophique, qui voit, dans certains faits de langue, et dans nombre de différences qui se manifestent entre les diverses langues, non pas de simples accidents dus au hasard — et il y en a bien sûr — mais au contraire des phénomènes conceptuels reflétant des façons d'intérioriser les réalités. C'est l'approche que nous adoptons ici : c'est, pour la comparaison de deux langues, le domaine de la **stylistique comparée**, un segment de la linguistique comparative. Cela ne signifie pas cependant qu'en parlant dans telle ou telle langue, on soit nécessairement conscient de ces phénomènes mentaux qui habitent en nous et nous animent. Disons plutôt que la langue que nous employons reflète souvent des éléments de nature culturelle, des manières de penser, de percevoir les objets et les actions du monde qui nous entoure. Dans cette perspective, s'exprimer dans une certaine langue consiste à présenter des réalités *à travers le filtre ou le prisme* *d'une conception particulière qui nous est <u>imposée</u> par la nature de cette langue.* Et que nous soyons conscients ou non de ce phénomène, cela ne change rien au processus. La langue que nous avons apprise dès notre naissance nous force à concevoir les réalités sous un certain angle, dans **sa perspective particulière** et donc par ses propres structures. S'il est vrai qu'une culture peut être identifiée, reconnue par certaines particularités, par exemple le caractère de sa musique (rythmes, mélodies), de ses arts (techniques, formes, thèmes), de ses symboles, de ses mythes, pourquoi ne pourrait-elle pas manifester son identité unique à travers sa langue ? Quand nous parlons une langue, nous laissons, au moins en partie, une culture se manifester à travers notre pensée et nos paroles.

*<u>Note</u> : après quelques hésitations, l'auteur a préféré rédiger toutes ses explications en français dans un but pédagogique, pour que l'étudiant reste en contact au maximum avec le français, dans un cours où l'emploi de l'anglais sera nécessairement fréquent. Mais on a aussi jugé utile de traduire dans le texte les mots et expressions qui nous paraissaient difficiles ou peu clairs pour le niveau de français des étudiants auxquels ce manuel est destiné. De toute façon, ces traductions ne sont-elles pas naturellement aptes à servir d'exemples dans un cours dédié à la traduction? Et votre professeur est là aussi pour expliquer, clarifier, ... et ajouter son point de vue personnel.

Citons deux exemples : un petit poisson dans un bocal, qu'on nomme « *a gold fish* » en anglais, sera appelé sans hésitation par un Français : « un *poisson rouge* ». Or, si vous regardez attentivement, vous verrez que ce petit animal familier n'est ni *gold*, ni *rouge*, mais plutôt de couleur orange... De même, cet objet appelé en anglais « *a flashlight* » est en français « *une lampe de poche* ». Examinons ici la distance qui sépare ces deux équivalents ; 1) entre « *light* » (un phénomène), et « *lampe* » (un objet) ; et 2) entre « *flash* » (un phénomène lumineux instantané) et « *poche* » (*pocket*, la place réservée à cet objet, par opposition à d'autres types de lampes plus volumineuses). Et pourtant *il* s'agit bien là <u>d'un même objet</u> avec une utilité identique ! Il en est ainsi pour des millions de mots et d'expressions, car il est rare que dans deux langues différentes, telle réalité, qui comporte toujours une multiplicité de détails, de facettes, il est rare qu'on ait choisi une seule et même facette pour *la* nommer. Dans les cas où une même perception coïncide dans deux langues, c'est généralement parce qu'il y a eu, à un moment de leur histoire, un contact culturel. À ce propos, notons ici que le français et l'espagnol, par exemple, partagent un grand nombre d'expressions communes, ce qui signale de multiples contacts dans l'histoire des deux peuples.

Un linguiste américain a décrit dans ses travaux des phénomènes de la langue américaine, dans une perspective semblable : c'est George Lakoff, professeur à l'Université de Californie à Berkeley, dont nous recommandons vivement le livre <u>Metaphors we live by</u>, (University of Chicago Press, 1980). Dans ce livre, des faits de la langue anglaise sont analysés par rapport à des catégories mentales qui les ont pensés et construits.

Le travail d'analyse par la traduction que nous proposons dans notre manuel n'est pas totalement original. Tout d'abord, il est profondément ancré dans cette perspective philosophique. Et d'autre part, nous nous inspirons fortement de la méthode et de la terminologie linguistique de J.P. Vinay et J. Darbelnet, *Stylistique comparée du français et de l'anglais*, Paris : Didier, 1977.

<u>L'objectif</u> :

Notre **intention** est bien moins de former de futurs traducteurs ou traductrices que de permettre à l'étudiant(e) « *undergraduate* » de <u>sentir</u> de l'intérieur la langue française — et par contraste aussi la langue anglaise — comme manifestations culturelles, et pas seulement comme simples instruments utilitaires de communication. Notre but est donc d'aller au-delà d'une simple compétence répétitive et superficielle de perroquet (*parrotlike*). La méthode consiste à juxtaposer l'anglais et le français, pour en extraire et analyser un nombre de tendances particulières à chaque langue, et en tirer des conclusions sur leurs *conceptions* respectives. (*Voir la note à la fin de cette introduction*).**

***

Or depuis déjà longtemps aux États-Unis, la traduction comme méthode d'analyse et d'acquisition d'une langue avait pratiquement disparu de la pédagogie des langues étrangères. Puis l'enseignement de la grammaire a suivi le même chemin, remplacé par des méthodes soi-disant « communicatives », où la discipline et les contraintes pédagogiques étaient dès lors sacrifiées à la sécurisation et à la soi-disant « créativité » de l'étudiant(e). Le résultat ne se fit pas attendre : bientôt ce qui souvent sortait de la bouche de nos étudiants de français, c'était une sorte de *créole*, *à* la syntaxe anglaise *bourrée de* (*stuffed with*) mots ou d'expressions plus ou moins français ! La permissivité de cette méthode produisait un langage hybride, le *franglais*, qui permettait surtout de progresser dans la facilité d'élocution, mais générait malheureusement une confiance en soi qui n'était pas toujours bien méritée. Résultat ? Une grande illusion de pouvoir parler aisément une langue étrangère…

À notre avis, il est important de remettre à l'honneur et à sa place légitime parmi les autres disciplines académiques, <u>la dimension intellectuelle</u> qui contribue à l'acquisition d'une autre langue. Il arrive un stade en effet dans l'étude d'une langue étrangère, où l'analyse comparative devient un instrument idéal et efficace d'approfondissement : disons que le processus comparatif est un « *aliment complet* » (*complete diet*) où **toutes** nos connaissances déjà acquises en français — et aussi en anglais — sont continuellement ravivées et renforcées par la juxtaposition des deux langues. Comparée à la composition dite « originale », qui souvent conduit l'étudiant à s'asseoir confortablement dans ses habitudes, dans ses clichés linguistiques, à « *piétiner les sentiers battus* » (*walk the beaten track*) en évitant les constructions difficiles, le transfert dans l'autre langue lui pose au contraire un réel défi. Le mot *défi* est employé ici dans sa connotation positive de *stimulant*. Car ce processus ne lui laisse qu'un petit nombre de choix possibles dans la construction du nouveau texte : le texte original est là, impérieux dans son contexte, exigeant, et qui réclame son équivalent <u>authentique</u>… La réécriture laisse donc **une faible marge de manœuvre** pour contourner et éviter les obstacles. Il faut obligatoirement les aborder de face et les surmonter. Résultat : l'étudiant(e) progresse dans sa compétence, qui ne stagne pas.

***

Le livre de Vinay et Darbelnet, <u>Stylistique comparée du français et de l'anglais</u>, est accompagné de deux *cahiers d'exercices* (*notebooks*), mais qui sont destinés aux étudiants de maîtrise (*graduate students*).

C'est pourquoi notre manuel est adapté au niveau «<u>undergraduate</u>». Il devrait donc s'avérer utile pour une introduction à la stylistique comparée, dans le cadre général de l'étude du français. Sur les pas donc de Vinay et Darbelnet, nous nous adressons à des étudiants qui ont atteint le niveau « intermediate » de français à l'université. Ce manuel pourrait aussi trouver sa place dans un programme de bon niveau (4e année de français) au *lycée.** Les *extraits* (*excerpts*) de textes d'écrivains ont été sélectionnés parce qu'ils permettent, plus largement que de simples phrases, d'illustrer les catégories traitées dans le chapitre en question. Quant aux exercices, ils sont accompagnés d'explications et de consignes facilitant la résolution des problèmes. Et dans la mesure du possible, les différences qui séparent les deux langues sont présentées dans une perspective interculturelle.

*<u>Note</u> : le *fait de suivre un cours de langue étrangère suggère un certain intérêt pour une autre culture. Or à l'âge de 17 ou 18 ans, on a la maturité intellectuelle suffisante pour s'intéresser à l'exploration des liens entre la langue et la culture.*
Citons un exemple : pourquoi n'employons-nous pas en français le verbe « *voler* » pour dire : *The bird flew into the house*? C'est que la tendance du français est souvent de sous-entendre une réalité évidente, et de rester à un niveau plus abstrait. Là où le locuteur anglophone formule une image visuelle (*to fly*), le locuteur francophone n'en exprime que le mouvement (*entrer*), sans préciser **la manière** de ce mouvement. La locutrice francophone semble ainsi laisser à son interlocuteur qui reçoit le message, le soin de produire lui-même, dans sa tête, l'image des ailes de l'oiseau... La traduction de cette phrase sera donc : « L'oiseau *est entré* dans la maison ». Cette tendance à l'abstraction de la langue française se manifeste principalement dans l'expression du mouvement spatial et partiellement dans l'expression des sensations.

<u>L'usage du manuel</u> :

Le présent ouvrage fournit de la matière :
1) soit à un cours traditionnel du niveau « intermediate » ou « high school senior »,
2) soit à un cours de composition française.
3) soit encore à un cours de révision de grammaire et de lexicologie,
4) soit enfin à un début d'initiation à la traduction.

Et les discussions en classe portant sur des questions comparatives devraient s'avérer utiles pour renforcer les compétences analytiques de l'étudiant(e) en grammaire et en lexicologie.

Pour conclure, l'auteur vous souhaite d'éprouver le plaisir de la découverte « linguistique-culturelle », le plaisir de l'obstacle surmonté, et enfin la satisfaction d'avoir fait preuve de créativité dans la construction d'un nouveau texte : texte fidèle à l'original, et qui respecte aussi les normes de sa propre langue. Et puisqu'on entend parfois dire: «*Language is culture*», « *A language is an open window into a culture*», ce petit manuel devrait fournir l'occasion de confirmer ou non le bien-fondé, le mérite de ces deux maximes. *Relevez le défi*. Et bonne route !

***

Note : *quand une personne parle bien une langue étrangère, c'est qu'avec le vocabulaire, elle a assimilé la grammaire et la syntaxe de cette langue. Elle l'a apprise soit par l'étude, soit par osmose dans un environnement où l'on parle cette langue, et plus souvent par une combinaison de ces deux méthodes. C'est que cette personne a assimilé, intériorisé les structures de base de cette langue. Au moment de communiquer, elle* **sent d'instinct ce qui structurellement est possible et ce qui ne l'est pas. C'est ce sentiment de la langue qu'il est important de développer.** *Pour bien parler une langue, ce niveau de compétence est absolument* <u>essentiel</u>, *puisque chaque jour nous formulons beaucoup de phrases* <u>que nous n'avons jamais encore prononcées</u>, *pour présenter ou réagir à des situations totalement ou partiellement nouvelles. Parler une langue, sa langue maternelle ou une autre langue, c'est donc être capable d'***inventer, de construire de nouvelles combinaisons de mots, mais des combinaisons qui sont conformes aux normes de cette langue, et** <u>**seulement à ces normes**</u> ! *Mémoriser beaucoup d'expressions étrangères, et les enfiler le long des structures d'une autre langue, généralement sa langue maternelle, cela* <u>n'est **pas** savoir parler une langue</u>. *Parler parfaitement une langue étrangère est donc chose très rare. Mais la parler chaque jour* **un petit peu mieux**, *continuer à la sentir un peu plus, cela est* <u>***toujours***</u> *possible !*

Petit à petit, l'oiseau fait son nid. --> Little strokes fell great oaks.

PREMIÈRE PARTIE

Aspects divers d'aide à la traduction

CHAPITRE 1

La notion d'unité

Si nous ne vivions pas, anglophones et francophones, dans une civilisation de l'écriture, le MOT (*written word*), comme **unité** de pensée et de communication, n'aurait probablement pas acquis (*would not probably have acquired*) l'influence, *l'emprise* (*the dominion*) qu'il exerce sur notre *conscience* (*consciouness*). Les espaces qui séparent les mots dans un message écrit nous donnent souvent l'illusion que chaque mot est un îlot de *signification* (*meaning*), *ajoutant sa part* (*adding its share*) distincte et isolée au message global. Si, *par contre* (*on the other hand*), on écoute un bref message exprimé oralement, les paroles nous apparaissent alors moins centrées sur des mots individuels que sur leurs combinaisons dans la compréhension du message. *À tel point* (*to such an extent*) qu'un étranger qui *ne comprendrait pas* (*would not understand*) ou *peu* (*not much*) ce message serait bien *embarrassé* (*perplexed*) pour *découper* (*cut up into*) en mots séparés ce qu'il écoute, et pour dire combien de mots il a *entendus* (*heard*).

Et même devant une *phrase* (*sentence*) écrite, le nombre d'unités de pensée et de communication ne correspond pas toujours au nombre de mots. En effet, comme c'est le cas pour des éléments en *chimie* (*chemistry*) ou des *cellules* (*cells*) en biologie, les mots tendent parfois à *s'attirer* (*attract each other*), à s'absorber *les uns les autres* (*one another*), pour former de nouvelles idées. Examinons la situation : si par exemple vous mettez en contact une certaine quantité d'hydrogène et d'oxygène, il en résulte aussitôt une nouvelle substance, de l'eau (H_2O), dont les propriétés sont distinctes, ne sont pas la *somme* (*added sum*) des deux éléments originels, mais **autre chose**. Une expérience en biologie ou en génétique *montrerait* (*would show*) probablement un phénomène *semblable* (*similar*).

Un tel processus se manifeste aussi dans le langage, dans l'interaction des mots qui, sous certaines conditions, *s'attirent les uns les autres* (*attract each other*) comme des *aimants* (*magnets*) pour former de nouvelles idées, qui ne constituent pas la somme de ces mots, mais **autre chose**, une autre idée. Deux exemples *suffiront* (*will suffice*) pour illustrer ce processus :

Considérons en premier la juxtaposition de « *tape* » et la couleur « *blue* ». Un « *blue tape* » n'est rien d'autre qu'*un ruban* (*a tape*) de couleur bleue. Il *aurait pu être* (*could have been*) jaune, vert, et même rouge. Cela n'*aurait* (*would have*) dans notre *esprit* (*mind*) *rien changé* (*changed nothing*) à la nature et au nom de cet objet. Un ruban, *quelle que soit* (*whatever*) sa couleur, *reste* (*remains*) un ruban. Mais voilà : dans un contexte bien particulier, autre que celui de la *couture* (*sewing*), par exemple les *démarches* (*steps*) administratives nécessaires pour obtenir un passeport, les deux mots « *red tape* » ont *pris* (*taken on*) alors une nouvelle signification, celle de *bureaucratie*, de *paperasserie* (*paper pushing*), qui n'a absolument *plus rien à voir* (*nothing more to do*) avec l'objet appelé « *tape* » ou « *ruban* ». Or en français, un *ruban rouge* restera toujours un *ruban rouge*, **et rien d'autre** (*nothing else*).

Le second exemple *comporte* (*contains*) un élément de syntaxe. Choisissons un contexte : il y a en France une saison de *la pêche* (*fishing*), et une autre période où la pêche est *interdite* (*forbidden*) au public. Il y a donc chaque année une première journée où l'on peut commencer à *tremper* (*dip*) sa *ligne* (*fishing line*) dans l'eau. C'est ce qu'on appelle « *l'ouverture de la pêche* ». Cette expression contient deux unités distinctes, et l'article *la* devant *pêche* l'indique clairement : il y a l'ouverture et il y a la pêche. Si par contre on considère qu'il faut une autorisation administrative pour pêcher, on doit acheter un *permis* (*license*) **de** *pêche* (noter ici l'absence d'article devant *pêche*, ce qui transforme ce nom en adjectif virtuel du nom *permis*, et constitue ainsi une unité composée : un type de permis). Cette structure d'*unité composée* (par l'absence d'article) est extrêmement fréquente en français; il est rare de lire un paragraphe sans en rencontrer plusieurs exemples.

Ainsi, selon le contexte du message, l'*unité de pensée* peut donc, soit être un *simple* (*single*) mot, soit l'union de *plusieurs* (*several*) mots, soit même un fragment de mot : comme par exemple : *redire = dire + encore* (le suffixe *re* formant une unité simple, fractionnelle), n'ayant pas modifié le sens du verbe *dire*. Il y a donc là deux unités distinctes. De même, si on dit la *recréation*, on parle d'une nouvelle création (deux unités) ; par contre, la r<u>é</u>création (*school recess*), qui à l'origine formait probablement deux unités, n'en est plus qu'une seule (*is but only one*) aujourd'hui, l'idée de répétition par le préfixe *re* ayant disparu (*having disappeared*) avec le temps.

Ce phénomène d'unité linguistique (soit simple, composée ou fractionnelle) est bien plus fréquent qu'on pourrait le penser. C'est pourquoi il est nécessaire d'en étudier le fonctionnement, tout d'abord de le détecter quand il se manifeste dans un texte, et *en outre* (*in addition*) de savoir l'employer dans son usage personnel. Or la pratique de la traduction nous expose doublement à cette situation : en effet, face à un texte, il faut : 1) tout d'abord reconnaître les unités qui se présentent dans la *langue de départ* (*source language*) LD ; et 2) les reproduire dans la *langue d'arrivée* (*target language*) LA,** en respectant **les normes de cette langue**. Car, nous le verrons, une unité composée ou simple dans une des deux langues ne correspondra pas nécessairement à une unité composée ou simple dans l'autre langue. Si on veut traduire par exemple « *j'ai fermé la porte à clé* (unité composée) », le verbe anglais « *to lock* » est suffisant : « *I locked* (unité simple) the door ».

**<u>Note</u> : *dans les pages qui vont suivre, nous signalerons la langue de départ* (*source*) *par LD et la langue d'arrivée* (*traget*) *par LA. Et ces sigles* (*acronyms*) *peuvent s'appliquer* (*apply*) *à chacune des deux langues, selon le cas* (*as the case may be*).

EXERCICES

I. <u>Unités de pensée/Unités de traduction</u> : commençons notre recherche par la détection des unités.

<u>Exemple</u> :
« *Don't ask me, replied the general, I am just a* <u>**simple soldier**</u> ». (2 unités)
Ne me le demandez pas, répliqua le général, je ne suis qu'un <u>**humble soldat**</u>. (2 unités)

(Traduire par « simple soldat », qui forme une unité en français (un simple soldat = a private), serait donc une erreur de traduction, une surtraduction (an overtranslation) : un général est en effet un officier supérieur, et non pas un simple soldat (just a private!). Le mot anglais « simple » se traduit alors dans ce contexte-ci par « humble » ou « modeste ». (c'est-à-dire, Je ne suis pas un politicien, je ne suis pas un intellectuel).

Dans les phrases suivantes, identifiez et *soulignez* (underline) tous les mots qui forment une unité de pensée, simple ou composée ; puis traduisez les phrases. Ce type de dissection linguistique s'appelle *le découpage, et se fait en général mentalement, (sauf quand il s'agit d'un domaine non encore exploré).* Attention : les petits mots grammaticaux (prépositions et articles) peuvent faire partie de l'unité ; *cf. fermer à clé* --> *to lock*).

A.
1. My boss always finds fault with my work. _____
2. He wants to cut down on my working hours. _____
3. She never approved of his conduct. _____
4. He swung the door wide open. _____
5. I must hand it to her that she kept a cool head. _____
6. They will no doubt fall in with his scheme. _____

B.
1. Il n'est pas né de la dernière couvée. _____
2. Donnez-vous la peine de vous asseoir. _____
3. Ne vous mettez pas en frais pour lui plaire. _____
4. Il n'est jamais à court d'arguments. _____
5. Il n'en reste pas moins que la crise dure encore. _____
6. Il y a des faits que ce journal passe sous silence. _____
7. Du moment que c'est vous qui le dites, je le crois. _____
8. Il faudra mener cette affaire à bonne fin. _____

II. Formez maintenant des unités de pensée en combinant certains mots de la liste A avec d'autres mots de la liste B, selon l'exemple suivant :
ancien +combattant -->un ancien combattant = a veteran
Mais : *ancien + officier --> un ancien officier = a former officer* (à noter ici qu'il n'y a pas d'unité de pensée, chacun des deux mots restant une unité simple, séparée et indépendante de l'autre) : *ancien* et *officier* conservent chacun leur sens habituel.

Traduisez aussi les unités que vous aurez trouvées.

<u>Liste A</u> : fast, mass, hot, lightning, want, remote, weapon, find, power, egg, scratch, head, home, motion, official

<u>Liste B</u> : control, ad, rod, production, food, conventional, fault, mower, white, pad, coach, office, picture, high, fork

III. Même exercice que le précédent, mais avec des expressions verbales :

<u>Exemples</u> : (Notez aussi le changement d'images d'une langue à l'autre)
To deliver + speech --> to <u>deliver</u> a speech = <u>prononcer</u> un discours.
To <u>take</u> + walk --> to take a walk, to stroll = <u>faire</u> une promenade, se promener

<u>Liste A</u> : to find, to file, to raise, to prefer, to strike, to pass, to draw, to know, to cover, to score, to pursue, to hold, to cast, to clear, to voice, to speak

<u>Liste B</u> : goal, opinion, mind, vote, fact, success, distance, list, favor, suit, friendship, judgment, objection, charge, fault, camp, authority, spell, liquor, glance

IV. Dans certains cas, la combinaison de deux mots peut produire, *suivant* (*according to*) **le contexte, une unité ou non.**

<u>Exemple</u> : *Un berger allemand --> a German shepherd* (dans les deux cas)
--> *un berger de nationalité allemande* (*deux unités séparées*)
--> *Une race de chien* (*une unité composée*)

Analysez les groupes suivants pour déterminer s'il s'agit : 1) d'une unité composée, 2) de deux unités séparées, ou 3) des deux possibilités (1 et 2)

Liste A : white horses, red tape, French cleaning, white sauce, black pudding, black hole, long distance, red coat, hard cash, cold room, brown bag

Liste B : chambre noire, sang froid, grande école, bois blanc, couture anglaise, tête brûlée, petit chien, petite caisse

V. Il arrive que certains adjectifs d'un usage fréquent peuvent prendre, dans leur association avec un nom spécifique, un aspect « technique » (au sens *large* [*wide*] : c'est-à-dire que la *charge affective* [*emotional charge*] ou culturelle qu'ils contiennent habituellement par leur nature est alors éliminée par cette association précise.

Exemple :
a cold reception --> *un accueil froid* (charge affective, émotive)
a cold storage --> *une chambre froide* (aspect technique : pas d'émotion)

En combinant des mots de la liste A avec ceux de la liste B, formez des unités à sens technique, et traduisez-les :

Liste A : German, small, Indian, French, Dutch, hot, great, Irish, short

Liste B : dressing, treat, music, ware, summer, stew, line, Chicago, bills, leave, measles, Antilles

VI. <u>En quête du mot *juste*</u> : *une fois que* (*Once*) les unités de pensée ont été identifiées, la prochaine *étape* (*step*) est d'en faire des unités de traduction. Or, comme *on l'aura remarqué* (*it will have been noticed*) dans les exercices précédents, il est rare que ces unités se traduisent littéralement. Cela nécessite donc une *lecture minutieuse* (*thorough reading*) et analytique d'un dictionnaire,* *y compris* (*included*) la familiarité avec les nombreuses abréviations qui y guident la recherche. Dans la construction des unités de pensée, deux langues ont rarement la même vision d'une réalité commune. Et souvent les unités ont été solidifiées, consacrées par un long usage et elles se sont *pour ainsi dire* (*so to speak*) cristallisées en clichés. Ceci est vrai dans l'une ou l'autre langue (LD ou LA). Il est donc nécessaire de *tenir compte de* (*take into account*) ces *écarts* (*differences*) de conception pour *arriver à* (*achieve*) une traduction idiomatique du texte (LD) dans l'autre langue (LA).

Exemples :
to **raise** funds --> **réunir** *des fonds* (*comme simple mot, réunir =* **to gather** *et non pas* **to raise**)

a **severe** *storm* --> *un* **violent** *orage* (intensité, menace vs. force brutale) (à la différence de l'anglais, l'adjectif français *sévère* personnifierait l'orage et *conviendrait mieux* (*would fit better*) au contexte imagé d'un poème !)

A. **Locutions d'intensité** :
Traduisez les expressions suivantes (qui sont des clichés) en recherchant l'usage anglais le plus fréquent et idiomatique :
(Cherchez l'adjectif de l'expression dans le dictionnaire pour y trouver soit le nom exact, soit un autre nom qui lui ressemble).

A.
1. un refus catégorique
2. une pluie diluvienne
3. d'une importance capitale
4. d'une propreté immaculée
5. un succès fou
6. à toute vitesse
7. un rire inextinguible
8. une soif inextinguible
9. un jugement téméraire
10. formellement interdit
11. vous savez pertinemment
12. après mûre réflexion

*<u>Note</u> : *l'internet est aussi une ressource utile pour la traduction : tapez dans Google le mot ou l'expression recherché, suivi du mot* **traduction** *ou* **translation**, *et une série de moteurs de recherche (*search engines*) est à votre disposition. Cette méthode est parfois plus rapide que la recherche dans les dictionnaires, et elle est très efficace. En outre (*In addition*), les mots et leurs traductions sont parfois présentés en contexte.*

13. s'ennuyer à mourir
14. mort de fatigue
15. sourd comme un pot
16. une cuisante défaite

B.
1. a severe cold (weather)
2. a bad cold (health)
3. soaking wet (from the rain)
4. a scorching heat
5. the seven deadly sins
6. a downright fool
7. a real bargain
8. in broad daylight
9. seriously wounded
10. seriously ill
11. a rotten weather
12. a hard and fast rule
13. a groundless accusation
14. free as a bird
15. We could hear a pin drop
16. as the crow flies

VII. **Formez des unités composées** : une unité sera parfois indiquée par un *trait d'union* (*hyphen*) : *ex.* « *c'est-à-dire* » (*that is to say, namely*). Quelquefois, le trait d'union est absent : « *tout à fait* » (*completely, entirely*). Même en anglais l'usage peut varier entre l'Angleterre et les États-Unis : « *cooperate* » (USA) vs « *co-operate* » (Great Britain).

En français, comme on l'a déjà noté, l'absence d'article peut signaler une unité composée. Comparer « *avoir faim* » (unité composée) et « *avoir une faim de loup* » (deux unités : « *avoir* » (unité simple) + « *faim de loup* » (unité composée).

Formez des unités composées en combinant les verbes de la liste A avec ceux de la liste B. Puis composez des phrases avec cinq de ces unités :
Liste A : faire, avoir, porter, perdre, prendre
Liste B : pied, peur, pitié, beau, fortune, malheur, plainte, conseil, haleine, raison, envie, accès, part, affaire

VIII. **Parfois une unité composée se traduit par une unité simple dans l'autre langue, et vice versa :**

Exemples : J'ai <u>posé ma candidature</u>. --> I *applied*.
Je <u>suis rentré en voiture</u>. --> I *drove back*.

Traduisez les phrases suivantes en changeant d'unité de pensée :

1. Je suis allé en avion à New York. _____

2. Il a été puni d'une amende. _____
3. We tipped the waiter. _____
4. J'ai mis ma montre en gage. _____
5. We walk to school every day. _____
6. I drove to Chicago. _____
7. I sued my former company. _____
8. (for a credit purchase) He vouched for me. _____
9. He stepped forward. _____
10. Ce livre fait double emploi avec celui que j'ai déjà. _____

VIII. Comme on l'a déjà indiqué, le français marque souvent une unité de pensée par l'absence d'article entre le nom et son complément. Dans ce cas, l'unité est *très étroite* *(closely knit)*.

Exemples :
a light passenger plane --> *un avion de tourisme* (unité *figée [fixed, set]* = un type d'avion)
the tourist season --> *la saison du tourisme* (unité libre, occasionnelle : saison et tourisme ne forment pas un type de saison), mais la saison où viennent les touristes, où on pratique le tourisme.

a hunting license --> *un permis de chasse* (type de permis : solide unité)
the hunting season --> *la saison de la chasse* (unité purement occasionnelle = où la chasse recommence).

Traduisez en tenant compte de la nature des unités *:* (attention à l'emploi de l'article).

1. He is a history professor._____
   This is a tendency of history. _____

2. In the middle of october _____
   In mid-october _____

3. There is a dance in the village square. _____
   A village square is often noisy. _____ _____

4. I changed my mind. _____
   I changed my itinerary. _____

5. We reached the cruising speed. _____
   The cruise passengers panicked. _____

6. How many flying hours do you have? _____
   Have you seen the film: "The flying nun"? _____
   How long is our flying time? _____

7. I am on the waiting list. _____
   The waiting regiment received its orders. _____

8. (deux solutions) She changed her address. _____

9. (deux solutions) in early morning _____

10. He wore a pilot jacket. _____
    He brought back a pilot's personal effects. _____

11. (deux solutions) The beach is in the form of a crescent. _____

12. She is the daughter of a preacher. _____
    This is our preacher's church. _____
13. In the wink of an eye _____
    I didn't sleep a wink. _____

14. Please, can you give me a hand? _____
    Give the singer a hand! _____

15. I am hungry as a wolf. _____
    They are money-hungry. _____

16. Amsterdam is below sea level. _____

    She is a top level officer. _____

17. (deux solutions) What is your room number? _____

    (une seule solution) What is your telephone number? _____

18. (deux solutions) He was swimming against the current. _____

19 He looked at the painting against the light. _____

<u>Textes</u> :

Identifiez <u>*cinq*</u> unités composées dans chacun des deux textes suivants, et traduisez-ces unités (les unités seulement, pas le texte entier !) **en justifiant vos solutions.**

1.   C'était en revenant de Nîmes, une après-midi de juillet. Il faisait une chaleur accablante. À perte de vue, la route blanche, embrasée, poudroyait entre des jardins d'oliviers et de petits chênes, sous un grand soleil d'argent mat qui remplissait tout le ciel. Pas une tache d'ombre, pas un souffle de vent. Rien que la vibration de l'air chaud et le cri strident des cigales, musique folle, assourdissante, à temps pressés, qui semble la sonorité même de cette immense vibration lumineuse... Je marchais en plein désert depuis deux heures, quand tout à coup, devant moi un groupe de maisons blanches se dégagea de la poussière de la route. (Alphonse Daudet[1], <u>Lettres de mon moulin</u>, 1912)

2.   It has become a truism to say that knowing the cultures of our trade partners in foreign countries is a definite asset towards achieving success. Who would dare to boast in the 1990s, as it was done a decade ago, that an American can operate effectively abroad knowing and using only English? True, many people around the world can communicate in English at various degrees of effectiveness; yet many others cannot do so at the level we would like to expect, and this describes in fact the great majority of people around the world, business executives included. At any rate, and however germane this question is to our topic, proficiency in a foreign language is not the main issue of this essay, which purports

---

1   Daudet, Alphonse: Lettres de mon moulin, Charpentier et Fasquelle, 1887.

instead to address the wider concern of intercultural awareness and communication. This article deals with an area of concern to the business community at large in the United States. It should also be of particular interest to small and medium-sized firms interested in starting business ventures abroad.
(Jacques Bourgeacq, International Trade Papers, Ames, Iowa, 1992)

CHAPITRE 2

L'utilisation des dictionnaires

Dans une langue donnée, un mot a souvent plusieurs sens qui, dans l'autre langue, sont rarement contenus en un *seul* (*single*) mot qui lui corresponde. Par exemple, le mot *time* se traduit selon le cas par *heure, temps, fois, époque,* etc. Lorsqu'un mot est *actualisé* (*actualized, brought into life*) par un contexte, il peut *subir* (*undergo*) dans le transfert vers l'autre langue des transformations, dont les dictionnaires ne peuvent pas toujours *rendre compte* (*account for, specify*), car les contextes sont infinis et *imprévisibles* (*unpredictable*). Citons un exemple :

> He went out **for** beer --> Il est sorti **acheter** de la bière.
> He went out for **a** beer --> Il est sorti **prendre** (*boire*) une bière.

La seconde situation étant différente, l'article indéfini en anglais (**a** beer) *entraîne* (*triggers*) en français un changement de vocabulaire : (*buying* --> *prendre* = *consuming on the premises*). Or les dictionnaires sont souvent *peu aptes* (*little equipped*) à *résoudre* (*solve*) ce type de problème. Le bon *usage* (*use*) d'un dictionnaire *exige* (*demands*) donc :
1) l'analyse des différentes dénotations qui y sont *citées* (*mentioned, listed*) ;
2) l'analyse du contexte particulier où se trouve le mot à traduire et les nuances et connotations qui *interviennent* (*at play, involved*).

***

De même qu'un bon navigateur ne partirait jamais sans emporter une carte géographique et un compas, un linguiste qui navigue entre deux langues devra se servir de certains outils indispensables, dont les plus importants sont des dictionnaires. Or il existe des quantités de dictionnaires de types différents : monolingues (anglais-anglais; français-français, etc.) et bilingues (anglais-français/français-anglais). Des dictionnaires de la langue générale et des dictionnaires spécialisés (médical, scientifique, de mécanique, etc.), des dictionnaires historiques, etc.

Pour notre usage immédiat, trois dictionnaires nous seront utiles ; un dictionnaire bilingue anglais-français/français-anglais et deux dictionnaires monolingues : l'un de langue anglaise et l'autre de langue française. Ces deux derniers dictionnaires seront nécessaires pour vérifier, par les définitions indiquées, que le sens du mot ou de l'expression que nous considérons est fidèle à l'original.

Il pourrait sembler excessif d'investir dans trois dictionnaires, mais il est rare que l'on ne possède pas déjà un dictionnaire monolingue dans sa langue maternelle, tel que par exemple un dictionnaire <u>Merriam-Webster</u> (anglais) ou un <u>Petit Larousse</u> (français). Comparé aux prix des livres d'aujourd'hui, un dictionnaire est un outil peu cher. On peut trouver un dictionnaire bilingue neuf, riche en information, en grand format broché (large paperback) pour une vingtaine de dollars. De plus, il existe sur internet un marché du livre d'occasion (second-hand) souvent en bon état (par exemple en ligne sur Amazon, ou chez Barnes & Noble, etc.) et à des prix très raisonnables.

*Un dictionnaire bilingue sera probablement l'outil (tool) le plus utilisé dans la pratique pour trouver un équivalent dans la langue d'arrivée (LA). En général, un petit dictionnaire de poche (pocket) est <u>insuffisant</u> (insufficient), car il donne trop peu (too few) d'exemples. C'est pourquoi il est bon d'investir dans l'achat (purchase) d'un dictionnaire de taille moyenne (medium size), tel que le **<u>Dictionnaire Robert-Collins College Dictionary (8th edition, à environ 32 $)</u>** ou bien le **<u>Dictionnaire Oxford Hachette Bilingue Compact</u>** (à environ 22 $). On peut se procurer sur internet une édition moins récente à moindre prix (for much less).*

*En outre, les vastes ressources disponibles sur l'internet permettent de compléter l'information du dictionnaire : il suffit de taper dans Google le mot ou l'expression recherché, en ajoutant (adding) le mot traduction ou translation, et une série de moteurs de recherches apparaît sur l'écran (screen). L'auteur a trouvé le moteur de recherche **www.linguee.com** très*

utile, car les traductions y sont proposées dans plusieurs contextes.
Et même malgré (*even in spite of*) le nombre d'exemples d'un mot cité dans ses divers contextes, on ne peut pas toujours trouver l'exacte solution souhaitée (*desired*). Dans ce cas, on doit <u>adapter</u> sa solution au mot du dictionnaire (ou de l'internet) qui nous semble le plus proche (*the closest*), le plus approprié à la situation du texte à traduire. Il arrive parfois que la meilleure ressource terminologique reste incomplète, incapable d'envisager et de traiter (*treat*) toutes les situations possibles et imaginables. Votre imagination et votre créativité feront le reste !

***

Un autre problème se présente dans la classification des nombreuses catégories grammaticales, lexicales, thématiques, etc., qui sont continuellement indiquées dans la plupart des *entrées* (*entries*) du dictionnaire. En plus des *renseignements* (*information*) utiles qu'elles procurent sur le vocabulaire, ces entrées renseignent sur <u>la manière de l'employer</u> : il s'agit de catégories grammaticales très utiles pour réduire considérablement *le balayage* (*scanning*) des entrées du dictionnaire, *en ciblant* (*by targeting*) plus directement la recherche. Elles sont présentées sous forme *abrégée* (*abbreviated*),* et demandent donc une certaine initiation. Heureusement, un dictionnaire contient toujours une section qui répertorie ces abréviations, *à laquelle* (*to which*) on peut toujours *au besoin* (*if need be*) se référer. En fait, on se familiarise très vite avec les abréviations les plus fréquentes et les plus utiles.

* *Note* : par exemple : n = noun ; v = verb ; vt = transitive verb (*that takes an object*) ; vi = intransitive verb (*that takes no object*) ; adj = adjective ; adv = adverb, etc.

EXERCICES

I. Dans les séries suivantes, traduisez les phrases qui contiennent le même mot répété, *en tenant compte* (*taking into account*) des changements de contexte : (Dans votre recherche, n'oubliez pas la notion d'unité de pensée, parce que cette fusion peut changer complètement le sens d'un mot !).

Exemple :
Il était fou. --> He was mad.
Il était fou de joie. --> He was overjoyed.
Il était fou d'amour. --> He was head over heels in love./ He was madly in love.
C'est fou comme les prix augmentent ! --> It's incredible how prices keep rising!

A.
1. (au réveil) Tiens ! Il fait déjà jour. (day light)
   Il a vu le jour en juin 1948. (birth)
   Mettez-vous **à** jour dans votre travail. (a delay)
   Nous vivons tous au jour le jour. (no planning)
   Je dois mettre **au** jour ce mystère. (discover, solve)

2. Il fait frais, ne trouvez-vous pas ? (temperature)
   L'écriteau indiquait : « Peinture fraîche ». (recent work)
   Ce poisson n'est pas très frais. (age)
   J'ai perdu mon passeport. Me voilà frais ! (problem, irony)
   Un teint frais est signe d'une bonne santé. (complexion)

3. Le malade a vite repris ses forces.
   Après la crise économique, les affaires reprennent.
   Je vous pardonne, mais que je ne vous y reprenne pas !
   Chaque fois que je parle, il me reprend. C'est agaçant !

4. Vous n'avez pas le droit de m'en empêcher.
   Elle a fait son droit à l'Université de Paris.
   (en-tête d'une lettre) « À qui de droit, »
   Il m'a fallu payer des droits de douane.
   Un écrivain touche des droits d'auteur.
   Vous avez droit à une compensation.

5. Entrée interdite au public.
   Il restait dans l'entrée, immobile, n'osant faire un pas de plus.
   (sur la porte d'une boutique) Entrée libre.
   A l'entrée de l'hiver, il faut bien se vêtir.
   Il a ses entrées chez le président.
   L'acteur a manqué son entrée en scène.
   Qu'avez-vous commandé en entrée ?

6. Quel est votre emploi du temps demain ?
Avec la crise, beaucoup de gens restent sans emploi.
Ce livre fait double emploi avec celui que j'ai déjà.
Vérifier le mode d'emploi avant de s'en servir.

7. La police arriva sur les lieux du crime.
Il y a lieu de croire que les prix ne vont pas baisser.
Cet article est rempli de lieux communs.
Elle lui a tenu lieu de mère.
Où aura lieu la conférence ?
Votre demande est en haut lieu.
Mettez vos bijoux en lieu sûr.
En dernier lieu, il nous faudra prendre une décision.

8. À ce prix-là c'est une véritable occasion.
Je n'ai pas eu l'occasion de faire sa connaissance.
Je cherche une bonne voiture d'occasion.
En pareille occasion, j'aurais fait la même chose.

B.
1. What is your telephone number?
A large number of people were present.
Six is an even number.

2. I bought some dog food.
We sent food to the refugees.
This restaurant serves good food.
Food is a large part of our budget.

3. Please open the bedroom window.
He lowered the car window.
(in a bank) Window number 3 is open.
This church's stain windows are unique.
(an old song) How much for that doggie in the window?

4. She is the chair of our department.
Please grab a chair and sit down.
This leather chair is comfortable.
Is this deck chair free?

5. This fish is full of bones.
   Marrow bones make good sauces.
   There were no bones in the grave.
   She made no bones about it!

6. Make up your mind!
   Sorry! it left my mind.
   You and I are of the same mind.
   Great minds think alike.
   Mind your own business!
   Are you out of your mind?

7. I work every day of the week.
   My watch is not working well.
   His lawn mower does not work.
   Balzac worked himself to death.
   Don't try to fool me. It won't work with me!

8. I used the money to buy a computer.
   I used to play cards long ago.
   Use you head!
   Unfortunately I think I have been used.
   I could use a cold drink!
   He used up all his savings

II. Découpage et extension des mots : en utilisant un dictionnaire, *on s'aperçoit (make us) rapidement (soon)* que chaque langue a sa manière spécifique de concevoir, de *classer (organize, classify)* et ainsi de *découper (cut up, delineate)* les réalités, les idées. Nous n'évoquerons pas ici le mythe de la pluralité du concept de *neige (snow)* chez les Esquimaux, (qui *s'est avéré faux [turned out to be false]* ou *du moins (rather)* exagéré !). *Toutefois (However)*, il suffira de citer un exemple plus proche de nous :

Anglais	barn	barn	stable
Français	grange	étable	écurie
	(for hay)	(for cattle)	(for horses)

Côte à Côte

Nous notons qu'au mot anglais *barn*, correspondent deux mots français : *grange* et *étable*. *Stable* et *étable*, qui ont la même étymologie (ce qui peut laisser supposer l'existence d'une réalité *autrefois* (*formerly*) commune), ont aujourd'hui des sens totalement différents. On dit alors que *barn* a <u>une plus grande</u> **extension**, parce que ce seul mot *recouvre* (*covers*) les deux réalités de *grange* et d'*étable*. Et *stable* semble avoir la même extension qu'*écurie*.

A l'aide d'un dictionnaire, examinez les groupes suivants, déterminez la différence d'extension de chaque paire, puis complétez en ajoutant le ou les termes *manquants* (*lacking, absent*) **dans chaque** *micro-système* **:**

<u>Exemples</u> :

Français	Anglais
1. *expérience>*	*experience / experiment*
2. *cheveu / cheveux / poil / chevelure<*	hair
3. école _____	school _____
4. étudiant _____	student _____
5. voiture _____	car _____
6. gaz _____	gas _____
7. jouer _____	play _____
8. nourriture _____	food _____
9. ciel _____	sky _____
10. assassiner _____	assassinate _____
11. fenêtre _____	window _____
12. porte _____	door _____
13. os _____	bone _____
14. chaise _____	chair _____
15. pelle _____	shovel _____
16. étranger _____	stranger _____
17. autobus _____	bus _____
18. crochet _____	hook _____
19. apprendre _____	to learn _____
20. arrêter _____	to stop _____

Français	Anglais
21. arriver _____	to arrive _____
22. discret _____	discrete _____
23. retourner _____	to return _____
24. délai _____	delay _____
25. rivière _____	river _____
26. église _____	church _____

III. Faux-amis (*false cognates, not-to-be-confused words*) :
Il arrive parfois que, dans les deux langues, des mots qui ont pu *autrefois* (*formerly*) coïncider totalement ou partiellement (différence d'extension), ces mots *ont fini par* (*ended up*) diverger complètement. Les *écarts* (*differences*) de sens entre ces mots ont produit le terme **faux-amis**, car ils *trahissent* (*betray*) notre confiance ! Ils constituent donc *un piège* (*a trap*) sérieux, vu (*seeing*) qu'il en existe *des centaines* (*hundreds*) entre le français et l'anglais. Cette profusion de faux-amis *provient* (*comes*) probablement du fait qu'*environ* (*about*) 30 % du vocabulaire de la langue anglaise dérive de la langue française, un processus qui a commencé vers l'an 1066, *à la suite de* (*as a result of*) la conquête de l'Angleterre par le duc de Normandie, Guillaume le Conquérant. Il *s'est poursuivi* (*continued*) au cours des siècles suivants. Évoluant dans des environnements séparés, ces mots *ont fini par* (*ended up*) perdre leur sens initial et en acquérir un autre. *Il ne leur reste plus en commun que* (*They only have now in common*) leur ressemblance étymologique, qui risque de *nous tromper* (*deceive us*) ! À l'époque moderne, le processus d'*emprunt* (*borrowing*) semble s'être *quelque peu* (*somewhat*) *inversé* (*reversed*) : *par un juste retour des choses* (*as what goes around comes around*), le français est à présent littéralement *envahi* (*invaded*) par le vocabulaire anglais...

Traduisez chaque paire de faux-amis : aidez-vous de votre dictionnaire ou de l'internet. (Indiquez si un faux-ami est seulement partiel).

<u>Exemple</u> :   *actually --> en réalité, réellement*
              actuellement --> currently, at present

1.   eventually -- >
     éventuellement -->

Côte à Côte

2. trivial -->
   trivial -->

3. defiance -->
   défiance -->

4. definitely -->
   définitivement -->

5. sensible -->
   sensible -->

6. journal -->
   journal -->

7. fault -->
   faute -->

8. to achieve -->
   achever -->

9. fortunate -->
   fortuné -->

10. hazard-->
    hasard -->

11. to deceive -->
    décevoir -->

12. extra -->
    extra -->

13. lecture-->
    lecture-->

14. sympathetic -->
    sympathique -->

15. location -- >
    location -->

16. to resume -->
    résumer -->

17. to dispose-->
    disposer -->

Il arrive parfois même qu'une phrase entière constitue un faux-ami :

<u>Exemple</u> :
Il *est intéressé dans* cette affaire. --> *He **has vested interest in** this deal.*
Il s'intéresse à cette affaire. --> *He **is interested in** this matter.*

1. Je ne pense pas beaucoup à lui. _____
   I don't think much of him. _____

2. She is sure to come. _____
   Elle est sûre de venir. _____

3. There is no such thing as a good champagne. _____
   Il n'y a rien de tel qu'un bon champagne. _____

4. He does you credit. _____
   Il vous fait crédit. _____

5. He was not clear on that point. _____
   Il n'était pas clair sur ce point-là. _____

6. In view of a greater profit... _____
   En vue d'un plus grand bénéfice... _____

7. ... Also I am obliged to... _____
   ... Aussi suis-je obligé de... _____

8. From the moment *he* said it, I believed it. _____
   Du moment que c'est lui qui l'a dit, je le crois. _____

9.   I am afraid she will not come. _____
       J'ai peur qu'elle ne vienne. _____

10.   There is nobody with whom he has not inquired. _____
       Il n'y a personne à qui il ne se soit adressé. _____

Un mot ou une expression sont parfois traduits littéralement dans l'autre langue, soit volontairement, soit inconsciemment, puis sont finalement <u>acceptés</u> par la population, et enfin entrent dans le dictionnaire. On les appelle des *calques* (*loan translations*). On dit alors que le mot ou l'expression sont *calqués* (*traced, modeled*) sur l'autre langue :

<u>Exemples de calques acceptés</u> :
français --> anglais :   *un marché aux puces --> a flea market*
                                      le Tiers Monde --> the Third World

anglais --> français   *a honeymoon -->une lune de miel*
                                      a skyscraper--> un gratte-ciel

Les calques *ci-dessus* (*above*) se sont implantés dans l'autre langue et, consacrés par l'usage, ils ont acquis un statut « légitime ». Ils ont été *pour ainsi dire* (*so to speak*) « naturalisés » ! *Par contre* (*On the other hand*), d'autres mots, et ce sont surtout des *calques phraséologiques*, sont restés « étrangers » (« *aliens* »). Traduits littéralement, ils *constitueraient* (*would be*) donc <u>une erreur de traduction</u>, qu'il *vaut mieux éviter* (*it is better to avoid*) :

<u>Exemples</u> :
1) « *It's not my cup of tea* » pour indiquer l'absence d'intérêt ne peut pas se traduire littéralement : *Ce n'est pas ma tasse de thé* serait compris au sens *propre* (*literal*), non-métaphorique. Une meilleure traduction serait alors : « *Ce n'est pas mon truc* » (*my thing*).

<u>Note</u> : *il semble toutefois* (*however*) *que ce dernier calque commence à pénétrer le français, peut-être sous l'influence du Québec, où les calques sont assez fréquents, étant donné* (*given*) *la proximité de l'environnement linguistique anglophone.*

2) « *C'est l'hôpital qui se moque de la charité* » ne pourrait *pas non plus*

(*not either*) se traduire littéralement. Une bonne traduction serait : « *Look who is talking!* »*

*<u>Note</u> : l'hôpital ne peut pas se moquer (*scoff at*) en effet d'une activité qu'il pratique souvent : la charité !

Nous *reviendrons* (*return to*) au calque plus tard, dans la section des procédés de traduction (Deuxième partie, chapitre 8).

<u>Texte</u> :

Lisez ces extraits d'un article d'Art Buchwald[2], examinez les calques qu'il a inscrits, *bien entendu* (*of course*) consciemment, pour produire un effet comique, puis corrigez-les, si possible :

En 1952, le journaliste et humoriste Art Buchwald, qui à l'époque vivait à Paris, a écrit un article comique (traduit ici en anglais pour le public américain) pour « expliquer » aux Français, sur un ton *pince-sans-rire* (*in tongue-in-cheek*) l'origine de la fête américaine de Thanksgiving, qui n'existe pas en France.

One of our most important holidays is Thanksgiving Day, known in France as le Jour de Merci Donnant... They landed at a place called Plymouth (now a famous voiture américaine)... Every year on le jour de Merci Donnant, parents tell their children an amusing story about the first celebration.... It concerns a brave capitaine named Miles Standish (known in France as Kilomètres Deboutish) and a young shy lieutenant named Jean Alden. Both of them were in love with a flower of Plymouth called Priscilla Mullins...

Or le lieutenant reçoit l'ordre de transmettre la demande en mariage du vieux capitaine à la belle « fleur de mai », Priscilla. Voici ce que le vieux capitaine explique à son lieutenant :

« *I am a maker of war (je suis un fabricant de la guerre) and not a maker of phrases. You, bred as a scholar (vous qui êtes pain comme un étudiant), can say it in elegant language... Although Jean was fit to be tied (convenable à être emballé), friendship prevailed over love and he went to his duty....* »

---
2   Buchwald, Art: "Le Grande Thanksgiving," The Washington Post, Nov. 24, 2005.

Côte à Côte

CHAPITRE 3

<u>La caractérisation</u>

La caractérisation est un terme de linguistique qui désigne un élément linguistique subordonné à un autre élément pour en préciser le sens. Selon Marcel Cressot, **Le Style et ses techniques** *: « Caractériser, c'est noter les caractères essentiels ou accessoires, naturels ou acquis, durables ou éphémères d'un être, d'une chose, d'un acte, d'une question, etc. » (Paris, PUF, 1974, p.13). Vinay et Darbelnet définissent ainsi la caractérisation : « L'ensemble des moyens servant à exprimer la qualité d'une chose ou d'un procès ». (***Stylistique comparée du français et de l'anglais***, (Paris : Didier, 1977, p. 6). Pour réaliser ces caractérisations, chaque langue possède ses propres moyens. Pour en être conscient, il suffit de comparer, par exemple, la place de l'adjectif qualificatif par rapport au nom caractérisé entre l'anglais et le français. Or cette caractérisation du nom par l'adjectif peut parfois être bien subtile en français ! Comme nous allons le voir, ces variations sont souvent causées par des différences de vision, d'aspects, de modalités, d'émotivité... Les deux chapitres suivants examineront un certain nombre de ces différences de caractérisation.*

***

I. <u>Vision concrète vs. vision abstraite</u> :

Si l'on compare deux textes mis en parallèles, anglais et français, *dont l'un (one of which)* est l'équivalent de l'autre, *on ne tarde pas à s'apercevoir du (we soon realize)* caractère plus **concret** du texte anglais, par rapport à son équivalent français, qui semble plus *sobre (plain)*, plus *parcimonieux (thrifty)* en détails imagés. Cette tendance se manifeste particulièrement *au niveau (at the level)* de l'action, du mouvement (surtout des verbes, et même des prépositions).

Comme nous l'avons déjà indiqué dans l'introduction de ce manuel, la langue anglaise semble *fournir* (*provide*) des détails qui *mettent en jeu* (*draw on*) ***l'imagination sensorielle*** du *lecteur* (*reader*), *tandis que* (*whereas*) le texte français paraît laisser à son lecteur le *soin* (*task*) de formuler lui-même ces détails dans sa tête. L'écrivain André Gide[3] a dit : « *Le classicisme — et par là j'entends : le classicisme français — tend tout entier vers la litote.* C'est l'art d'exprimer le plus en disant le moins* ». (André Gide, Incidences).

*Note : *le terme* **litote** *signifie* **understatement** *en anglais. J'entends = I mean*

A titre d' (*As an*) exemple, citons un épisode de la « novella » de Philip Roth[4], Goodbye Columbus, où une jeune-fille se prépare *à plonger* (*dive*) dans une piscine (*swimming pool*) :

« *Brenda [...]* ***stepped out to*** *the edge of the diving board [...]. She dove beautifully, and a moment later, she was* ***swimming back to*** *the side of the pool* ».

Si Philip Roth *avait été* (*had been*) Français, il *aurait pu décrire* (*could have described*) l'action de cette manière :

« *Brenda* ***s'approcha du*** *bout du plongeoir [...]. Elle fit un très beau plongeon, et l'instant d'après, elle* ***regagnait*** *le bord de la piscine* ».

Les images concrètes, visuelles, de ***stepping out*** et de ***swimming*** ne sont pas nécessaires en français, puisque la situation est *rendue* (*made*) évidente par le contexte. Seul le mouvement plus abstrait, non imagé (un simple vecteur) est exprimé dans la version française : ***s'approcher*** et ***regagner***. *En effet* (*indeed*) ces deux verbes n'indiquent *pas du tout* (*not at all*) la manière de ces mouvements. C'est le lecteur qui doit « imaginer » lui-même, dans sa tête, les actions visuelles de cette scène...

EXERCICES

I. Traduisez les phrases suivantes en tenant compte des

---

3   Gide, André: Incidences, Gallimard, 1951.
4   Roth, Philip: Goodbye Columbus, Houghton Mifflin, 1959.

Côte à Côte

considérations ci-dessus : Choisissez entre mot-signe (plus abstrait) et mot-image (plus concret).

Exemple :
*L'oiseau **est entré** dans la maison.* (mot signe) --> *The bird **flew** into the house.* (mot image)

A.
1. Une légère brise arrivait de la mer. (What does a breeze do?)_____
2. Le taxi arriva jusqu'à la porte. (How does a taxi move?) _____
3. Le cowboy s'éloigna dans le soleil couchant. _____
4. Elle s'approcha de la fenêtre. _____
5. L'armoire était dans un coin de la chambre. _____
6. J'ai assisté à l'inauguration de cette statue. _____
7. (à table) Où voulez-vous que je me mette ? _____
8. (en voiture) Où voulez-vous que je me mette ? _____
9. Nous avons fait un bon repas. _____
10. Je vais vous raccompagner chez vous. _____
11. Cette histoire semble incroyable ! _____
12. (au téléphone) J'ai composé le numéro. _____
13. Il habite au dernier étage. _____
14. Voilà une autre voiture qui part. _____

B.
1. I baked this cake for you. --> (Don't we usually bake a cake?) _____
2. She cooked a delicious meal. --> (Don't we usually cook a meal?) _____
3. She wrote an excellent composition. --> _____
4. (a song) I dreamed a dream one day. --> _____
5. He swung the door open. --> _____
6. I bike for exercise. --> _____
7. I walked my bike (up the hill). -> _____
8. I have to run an errand. --> _____
9. He rode the elevator up. --> _____
10. She ran up the stairs. --> _____

II. Une autre forme de *litote* :

Là où l'anglais peut *ajouter* (*add to*) au verbe, à l'aide d'une **postposition**, un aspect **vectoriel** indiquant une direction (*up, down, over, into, out, etc.*), le français *se repose encore* (*again relies*) sur l'évidence présentée par le contexte : *c'est la personne qui entend le message qui caractérise l'action mentalement.*

Exemple :
    (Si on est en bas) *Come **down** here!* --> *Viens ici !*
    (Si on est en haut) *Come **up** here!* --> *Viens ici !*
    (Si on est dehors) *Come **out** here!* --> *Viens ici !*
    (Si on est loin) *Come **over** here!* --> *Viens ici !*

Traduire les phrases suivantes :

A.
1. She came over to visit me. (Is <u>over</u> absolutely necessary?) _____
2. It's hot in here, it's uncomfortable. (Is <u>in</u> necessary?) _____
3. I met him half way up (the hill). _____
4. I met him half way down (the hill). _____
5. He walked to the door and looked in. _____
6. He walked to the door and looked out. _____
7. He looked on while I worked. _____
8. I passed him on the highway. (two situations) _____
9. We chatted as we walked along. _____

B.
1. Je lui ai parlé tout à l'heure. (It's in the past) _____
2. Je vais lui parler tout à l'heure. (It's in the future) _____
3. Avez-vous bien dormi cette nuit ? _____
4. Je crois que je vais bien dormir cette nuit. _____

III. Cette différence de conception dans la formulation d'une action peut parfois modifier la syntaxe.

Là où le français analyse et fait progresser l'action dans un ordre *décroissant* (*decreasing*) d'importance, l'anglais l'exprime dans un ordre *chronologique, celui* (that) *de son déroulement* (unfolding, unraveling) concret, presque visuel, comme dans un film.

Exemple :
*He **limped** his way back to his car.*
*Il **est retourné** à sa voiture **en boitant**.*

En contraste avec la phrase anglaise, qui progresse *en suivant* (*following*) le déroulement chronologique de l'action, la phrase française indique d'abord la direction du mouvement ou la nature de l'action (*retourner*), pour ajouter <u>ensuite</u> (*afterward*) la destination (*sa voiture*), et enfin la manière de cette action (*boiter = to limp*). Or cette représentation visuelle était *au premier plan* (*in the foreground*) dans la version anglaise...

Traduisez les phrases suivantes en tenant compte des considérations ci-dessus : (Il faudra souvent transposer d'une *partie du discours* [*part of speech*] à une autre).

A.
1. Nous sommes revenus à la ferme au pas de gymnastique. (Manner of the action?) _____
2. Le toit de la maison fut emporté par une tornade. (How does a tornado destroy?) _____
3. Elle descendit l'escalier, sans bruit, sur la pointe des pieds. (An "image-verb" for this action?) _____
4. Le bateau remontait le fleuve à toute vapeur. _____
5. Le blessé gagna l'autre tranchée en rampant. _____
6. Le bébé a fini par s'endormir à force de pleurer. _____
7. Il regardait dans le jardin par la porte ouverte. (two ways) _____
8. On le transporta d'urgence à l'hôpital. _____
9. Il a perdu son emploi à force de remarques sarcastiques. _____
10. Il écarta cette idée étrange d'un haussement d'épaule. _____

B.
1. You are going to work yourself sick. _____
2. I drove to Chicago and from there I flew to New York. _____
3. The child walks to school every day. _____
4. His mother drives him back home after school. _____
5. She sang her way up to stardom. _____
6. He drank himself to death. _____
7. They swam across the lake. _____
8. I worked my way through school. _____
9. He talked himself out of this chore. _____
10. He talked himself into a lucrative job. _____
11. I biked across Iowa with Ragbrai. _____
12. He sang himself hoarse. _____

IV. Le caractère concret du verbe anglais, ainsi que la tendance à l'abstraction du verbe français, se manifestent *encore sous* (*in still*) une autre forme :
L'anglais renforce souvent un verbe *à l'aide d'* (*with*) une particule placée après, qui en *précise* (*clarifies*) le sens : (c'est souvent une préposition, appelée alors **postposition**. Cette combinaison (autre unité composée) se fait avec des verbes *appartenant* (*belonging to, from*) le plus souvent au lexique anglo-saxon (et non pas au lexique latin-français) :

<u>Exemples</u> :
to give --> to give up, give out, give away, give in, etc.
to get --> to get in/out/up/down, to get over, to get around, etc.
to make --> to make up, out, up for, off, to make do, etc.

Ainsi, autour d'un <u>verbe central (nucleus verb)</u>, peuvent s'agglomérer diverses particules, qui à chaque situation, ajoutent au sens de *base* (*basic*) de ce verbe un aspect distinct, précis, souvent plus dynamique. Prenons un exemple :

He tore his shirt.
He tore **up** the letter.
He tore **off** a button from his shirt.
He tore **out** a page from the book.

Cette disposition lexicale *en forme d'étoile* (*in stellar form*) d'un verbe *entouré* (*surrounded*) de ses « satellites », *ce type de caractérisation donc n'existe pas en français. Pour exprimer ces actions la langue française change généralement de verbes* :

He tore his shirt --> Il a *déchiré* sa chemise/ Il a *fait un accroc* à sa chemise.
He tore *up* the letter --> Il a *déchiré* la lettre/ Il a *mis en pièces* la lettre.
He tore *off* a button from his shirt. --> Il a *arraché* un bouton de sa chemise.
He tore *out* a page from the book. --> Il a *arraché* une page du livre.

Alors que l'anglais regroupe toutes ces situations en une vision synthétique (centrée autour d'un seul verbe aux aspects distincts), le français divise, dissémine ces situations en une vision analytique, pluraliste.

Traduisez les phrases suivantes en tenant compte des considérations ci-dessus.

A.
1. Il a posé sa valise. (Where to?) _____
2. Elle étend son linge sur un fil. (Which movement?) _____
3. Il me faut recoudre ce bouton. (Where?) _____
4. Je me suis coupé le doigt _____
5. J'ai failli me sectionner le doigt ! _____
6. Envoyez votre demande d'emploi. _____
7. N'oubliez pas d'envoyer l'invitation aux membres du club. _____
8. Si cet outil est usé, jetez-le. _____
9. Nous marchions en causant. _____
10. Le plafond s'est écroulé. _____

B.
1. I can't believe I ate it up! (Part or whole?) _____
2. He gulped down his breakfast and ran out quickly. _____
3. Slow down, I can't catch up with you. _____
4. No trespassing. Keep out! _____

5. Keep away from this place. It's dangerous. _____
6. Keep off the grass. _____
7. This is what we are up against. _____

C. Avant de consulter le dictionnaire, la méthode suivante peut souvent être utile pour traduire ces verbes à postposition.
Il suffit de penser à un synonyme anglais de ce verbe *qui appartienne* (*belonging*) au lexique latin-français. Un verbe équivalent français peut alors *se présenter à l'esprit* (*come to mind*).

<u>Exemple</u> : I *gave up* my search --> to abandon --> abandonner
                           --> to renounce --> renoncer à

Indiquez le verbe intermédiaire (*latin-français*), **puis traduisez la phrase :**

1. Can you make out this sentence? (decipher? comprehend?) _____
2. I wish I could get away from my desk. (escape?) _____
3. I ran into an old high school friend. _____
4. He took apart his watch. _____
5. This table takes up too much space. _____
6. I'll take up this issue with my supervisor. _____
7. The dictator took over his neighboring country. _____
8. Did you make up this story? _____
9. How will you make up for this loss? _____
10. He can't get over the death of his mother. _____
11. Get on with your work. _____
12. I cannot get through to him! _____
13. We did not get round to discuss the issue. _____
14. Speak up! We can't make out what you are saying. _____
15. Slow down, I can't keep up with you. _____
16. Keep on walking and don't turn back. _____
17. This victory will go down in history. _____
18. He had to keep from drinking alcohol. _____
19. You came up with a good solution. _____

20. She came into a very large fortune. _____

D. Il arrive parfois que la perception d'une même réalité ou d'un même processus diffère entre les deux langues, comme le montrent les deux exemples suivants :

1) *a check for ten dollars --> un chèque de dix dollars*
 (*for* indique le *but* [*purpose*]; *de* est purement abstrait, simple *lien* (*tie*) entre deux mots)

2) I *got on* the bus. --> Je *suis monté dans* l'autobus.
(Dans le second exemple, l'anglais présente un mouvement extérieur --> intérieur (one **enters/exits, gets on/out of** a bus) et le bus est présenté comme une surface, une plateforme (*on*). Le français, en revanche, voit la même action en terme de verticalité (*monter/descendre*) et de volume : *dans* l'autobus. Cela ne signifie pas que les deux cultures soient chacune *affligées de cécité* (*suffer from blindness*) ! Mais plutôt que chaque culture a choisi une *facette* particulière, *parmi* (*among*) toutes les autres facettes possibles d'une même réalité pour la représenter). *A chacun sa caractérisation* !

Traduisez et décrivez la nature du changement de perception *:*

1. (a car) I got in the back. (Climb up! and add an adverb) _____
2. My glass is small, but I drink from my glass. (where is the liquid?) __
3. In an African village, people often eat from the same dish. _____
4. I arrived at the railroad station in Bordeaux. _____
5. Have you seen « The bridge on the river Kwai »? _____
6. Several curves on that road are dangerous. _____
7. The passengers got off the plane. _____
8. He works on a farm in the summer. _____
9. What's on TV tonight? _____
10. The French eat soup off a soup plate, not a bowl. _____
11. Americans often drink soda from a bottle. _____
12. Let's trade: my watch for yours? _____ _____
13. The shop is on Jefferson Square. _____

14. When I arrived <u>on</u> Washington Street, I saw the house was on fire. ___
15. You have to do it <u>over</u>. _____
16. They cried <u>with</u> joy. _____

V. **Étoffement et dépouillement** : *là où la caractérisation se complique par la grammaire ! Si (Though), comme nous l'avons vu, le français est avare (stingy) en expressions imagées, il est par contre (on the other hand) plus* <u>prolixe et précis</u> *en matière de grammaire. Ainsi, souvent, la préposition française n'a pas le dynamisme de la préposition anglaise, qui parfois peut prendre (take on) la force d'un verbe.*

<u>Exemple</u> : *Help me **out** of here!* --> *Aidez-moi à **sortir** d'ici.*

La préposition française doit donc être renforcée, *étoffée (amplified)* par un élément dynamique (souvent un verbe, un participe passé, une proposition relative, etc.).

<u>Exemple</u> : *His love **for** his mother...* --> *l'amour **qu'il a pour** sa mère...*

De plus (Furthermore), lorsqu'un complément de nom *apporte (brings)* une valeur fortement *circonstancielle (c'est-à-dire non-permanente ou non-inhérente)*, on *étoffe (amplifies)* alors la préposition.

<u>Exemple</u> :
*The man **with** him is Canadian.* --> *L'homme **qui est** avec lui est Canadien.*
A l'inverse (in reverse), en passant du français à l'anglais, il faut souvent *dépouiller (strip, shrink)* l'expression pour qu'elle soit dans un anglais plus idiomatique et économique :

<u>Exemples</u> :
(dans une gare) <u>**Accès aux**</u> *trains* --> <u>**To**</u> *the trains*
(à l'aéroport) L'avion <u>**à destination de**</u> *Chicago...* --> *The plane* <u>**to**</u> *Chicago...*
Traduire les phrases suivantes en tenant compte des considérations ci-dessus :

A.
1. L'avocat <u>chargé de</u> l'affaire a été assassiné. (A mere preposition will do) _____

2. Il ne se rend pas compte <u>que nous avons</u> besoin de son aide. (Do we need the verb *to have*?) _____
3. Je ne comprends pas le respect qu'elle a pour lui. _____
4. On peut accéder à la piscine en traversant la salle d'exercices. _____
5. J'ai obtenu ce document par son intermédiaire. _____
6. Cette accusation lancée contre moi est absurde. _____
7. Le chemin qui mène à la ferme... _____
8. Les montagnes qui nous entourent sont splendides. _____
9. Laissez sortir le prisonnier de sa cellule. _____
10. Faites venir le médecin, si la fièvre revient. _____

B.
1. Is the Paris train in? (What does a train do before being in?) ____
2. From or to Paris? (**de** and **à** are static prepositions. So?...)_____
3. A scream from the house was heard. _____
4. The tenant across the hall is friendly. _____
5. (on a gift) From Jim/ To Mary _____
6. I returned to where I had left off. _____
7. I shiver at the millions of starving children. _____
8. I helped the child down the stairs. _____
9. She helped the fugitives across the border. _____
10. We went out to the woods for mushrooms. _____

VI. L'adjectif : valeur affective vs. valeur intellectuelle :
Lorsqu'on passe d'une langue à l'autre, certains adjectifs peuvent changer de sens, *selon* (*according to*) le contexte où ils sont plongés et selon une *valeur* distincte : soit une *valeur intellectuelle* (rationnelle, objective), soit une *valeur affective* (émotive, subjective), ou exprimant un jugement.

<u>Exemples</u> :
*une qualité **inférieure*** (valeur affective) --> ***inferior, poor*** quality
*la lèvre **inférieure*** (valeur intellectuelle, objective) --> ***lower*** lip

Comme on le voit ci-dessus, ces valeurs peuvent déterminer le choix d'un mot équivalent adéquat. *En outre (Also)*, ces valeurs peuvent même parfois déterminer aussi la place d'un adjectif par rapport au nom qu'il accompagne. Or, en général, l'adjectif en français *jouit (enjoys)* d'une grande mobilité : il peut se placer **avant** ou **après** le nom. Il existe cependant des adjectifs qui sont essentiellement intellectuels (objectifs) : ex. *carbonique, citrique, sulfurique, hydraulique, mécanique,* etc. Ils seront toujours placés **après** le nom. Les adjectifs essentiellement affectifs (subjectifs) : ex. *sordide, horrible, stupide, merveilleux,* etc.), peuvent se placer **soit avant, soit après**. Placés avant, ils prennent une *charge* affective *encore (even)* plus forte.

D'où vient cette affectivité ? En plus du sens sémantique, l'adjectif placé avant le nom forme souvent une **unité synthétique** avec le nom, sorte de *fusion instantanée*, subjective. Par contraste, l'adjectif placé après le nom résulte d'un processus mental **analytique**, où la caractéristique adjectivale est présentée comme une idée **supplémentaire**, ajoutée *après coup (added on, as an afterthought)*. Le plus souvent, bien sûr, ces processus mentaux sont inconscients, sortes de réflexes linguistiques culturels. Car la culture est là, *qui veille (vigilant)* derrière les mots !

Citons un exemple de ce processus : dans l'expression *une mode* **nouvelle**, on parle d'une mode qui par son style, son aspect, **se distingue** des autres modes qui l'ont précédée (l'adjectif est ici rationnel, distinctif). Si on dit : *une* **nouvelle** *mode*, l'adjectif a maintenant une valeur *ordinale (serial), quantitative* donc, synonyme de *autre, deuxième, troisième* (de l'année par exemple), et **n'indique pas** le style ou le caractère distinctif ou qualitatif de cette mode, mais son ordre *d'arrivée (arrival), perçu (perceived) de façon instantanée et subjective. On voit ici que la caractérisation peut atteindre un niveau très subtil !*

Traduisez les doublets suivants en indiquant la valeur intellectuelle (i) ou affective (a) des adjectifs.

Exemples :
L'eau est un liquide **insipide** *(i) Water is a* **tasteless** *liquid.*
La conversation était **insipide** *(a) The conversation was* **insipid, banal**.

1.   une école maternelle ( ) (émotion ou non?)_____
        une attitude maternelle ( ) _____

Côte à Côte

2. un homme grand ( ) (Think of G. Washington!) _____
   un grand homme ( ) _____

3. C'est mon unique fils. ( ) _____
   Il est fils unique. ( ) _____
   C'est une occasion unique. ( ) _____

4. un petit restaurant sympathique ( ) _____
   un restaurant petit et intime ( ) _____

5. une possession diabolique ( ) _____
   une idée diabolique ( ) _____

6. Il a connu de rudes épreuves.( )_____
   Il a la peau rude. ( ) _____

7. Marcher sur une corde raide. ( ) _____
   Il a un caractère raide. ( ) _____

8. la voûte céleste ( ) _____
   une beauté céleste ( )_____

9. Nous avons passé une soirée sensationnelle. ( ) _____
   C'est un magazine sensationnel. ( ) _____

10. l'étage supérieur de l'immeuble ( ) _____
    une vitesse supérieure ( ) _____
    le Lac Supérieur ( ) _____
    un ton supérieur ( ) _____

11. les couleurs spectrales ( ) _____
    une pâleur spectrale ( ) _____

Textes :

Philip Roth, dans <u>Goodbye Columbus</u>, fournit encore un bel exemple du caractère concret, visuel, chronologique de l'expression du mouvement dans la langue anglaise. Vinay et Darbelnet appellent cette sorte de construction le « film de l'action ».

Traduisez les éléments soulignés de ces deux textes :

<u>I walked rather bouncingly up the lawn, past the huge weeping willow, towards the waiting Patimkins</u>, wishing all the while that I had my car washed... <u>Ron stepped forward</u> and shook my hand vigorously, as though he had not seen me since the Diaspora...

Puis un peu plus loin, Philip Roth nous décrit un Monsieur Patimkin...

... raising an imaginary golf club and <u>driving a ghost of a golf ball up and away towards the Orange Mountains</u>.

Ernest Hemingway[5] nous procure aussi d'autres exemples de ce « film de l'action », dans <u>The Old Man and the Sea</u> :

<u>He looked down into the water</u> and watched <u>the lines that went straight down into the dark of the water</u>.

... then he went up the road to wake the boy. He was shivering with the morning cold. <u>But he knew he would be shivering himself warm</u> and that soon he would be rowing.

---

[5] Hemingway, Ernest: The old man and the sea, Charles Scribner's Sons, 1952.

CHAPITRE 4

<u>La caractérisation (suite)</u>

I. Autres verbes à postposition :
Les verbes à postposition, généralement monosyllabiques, sont d'un emploi très fréquent en anglais. *Or cette structure, que nous avons décrite sous sa forme « en étoile » autour d'un verbe central, n'a pas d'équivalent en français. Chaque postposition (in, out, over, up, etc.) joue son rôle de **caractérisateur** du verbe anglais et en modifie l'**aspect**, tout en préservant son image de base. Cette vision synthétique du verbe anglais, inexistante en français, demande donc une certaine gymnastique mentale pour l'exprimer en français : il faut d'abord trouver un verbe anglais synonyme, appartenant au registre latin-français, et ensuite penser à un équivalent français de même étymologie. C'est pour pratiquer cette gymnastique mentale qu'une liste d'exercices vous est présentée ici, faisant suite à ceux* (those) *du paragraphe IV, Chap. 3. L'emploi du dictionnaire est toujours possible, bien entendu* (of course).

<u>Exemples</u> :
*He **gets around** a lot in his job* --> (synonyme) *He **travels**...*
-->(traduction) *Il **voyage**... Il **se déplace**...*
***Run** the proposal **by** your boss.* -->(synonyme) ***Submit** the proposal **to**...*
-->(traduction) ***Soumettez** le projet **à**...*

<u>Look</u> + **postposition** :

Traduisez les phrases suivantes pour y faire entrer le verbe <u>LOOK</u> et une de ses postpositions :

1. Nous allons examiner la question. _____

2. J'ai regardé derrière moi pour voir d'où venait le bruit. _____
3. Il attend avec plaisir votre visite. _____
4. Nous avons beaucoup de respect pour notre professeur. _____
5. Prenez soin de cet enfant pendant mon absence. _____

Traduisez les phrases suivantes qui contiennent le verbe LOOK et ses postpositions :

1. Look out! A train is coming.
2. I am looking out for a good used car.
3. I'll look over your text before you send it out.
4. He looked on as I was writing.
5. He has no reason to look down on you.

Get + **postposition** :

Traduisez les phrases suivantes pour y faire entrer le verbe GET et une de ses postpositions :

1. Elle s'entend bien avec tout le monde.
2. Cet employé est obligé de se débrouiller avec un maigre salaire.
3. N'entrons pas dans ces considérations-là.
4. Il s'est enfin remis de ses émotions.
5. (appel téléphonique) Avez-vous réussi à communiquer avec elle ?

Traduisez les phrases suivantes qui contiennent le verbe GET et ses postpositions :

1. What are you getting at?
2. Are you getting off at the next stop?
3. When do we get together?
4. Are we getting off for Labor Day?
5. He always gets away with his gaffes.

Take + postposition :

Traduisez les phrases suivantes pour y faire entrer le verbe <u>TAKE</u> et une de ses postpositions :

1. Tu ressembles à ton père.
2. Il a repris l'entreprise après la mort de son père.
3. Il faut faire tomber les barrières de l'intolérance.
4. Ne vous en prenez pas à moi. Je ne suis pas coupable !
5. Je retire ce que j'ai dit plus tôt.

Traduisez les phrases suivantes qui contiennent le verbe <u>TAKE</u> et ses postpositions :

1. Your plane has just taken off.
2. We have to take apart the motor.
3. She took up her new job last month.
4. Please take this dish away from the table.
5. I will gladly take on this task.

Give + postposition :

Traduisez les phrases suivantes pour y faire entrer le verbe <u>GIVE</u> et une de ses postpositions :

1. J'ai renoncé à cet emploi, qui était trop loin de ma famille.
2. Dans la vie, il faut souvent faire des concessions.
3. À sa retraite, il a fait cadeau de tous ses livres.
4. Ce four dégage de la fumée.
5. Avez-vous distribué toutes les brochures ?

Traduisez les phrases suivantes qui contiennent le verbe <u>GIVE</u> et ses postpositions :

1. Before so much suffering, I finally gave in.
2. Give back to your parents the help they once gave you.

3. I could not find the solution, so I gave up.
4. The roof gave way under the heavy snow.
5. You are surrounded. Give yourself up!

Put + postposition :

Traduisez les phrases suivantes pour y faire entrer le verbe <u>PUT</u> et une de ses postpositions :

1. Je mets de côté une partie de mon salaire.
2. J'ai remis à plus tard ma composition.
3. Il a remis le livre sur l'étagère.
4. Elle a rangé ses vêtements chauds pour l'hiver prochain.
5. Combien faut-il verser pour acheter cette voiture ?

Traduisez les phrases suivantes qui contiennent le verbe <u>PUT</u> et ses postpositions :

1. I cannot put up with that!
2. I am going to put up my motorcycle for sale.
3. If you come to town, I can put you up.
4. (on TV) Put on the weather.
5. How can I put the situation across to him?

Come + postposition :

Traduisez les phrases suivantes pour y faire entrer le verbe <u>COME</u> et une de ses postpositions :

1. Comment cette crise s'est-elle produite ?
2. Je suis tombé sur cette expression deux fois aujourd'hui.
3. Il a hérité d'une immense fortune.
4. Je crois que j'ai attrapé la grippe.
5. Est-ce que votre thèse avance bien ?

Traduisez les phrases suivantes qui contiennent le verbe <u>COME</u> et ses postpositions :

1. The stamp came off the envelope.
2. What solution did she come up with?
3. A real bargain is hard to come by.
4. This book just came out.
5. I came upon her this morning in the metro.

<u>*Go* + postposition</u> :

Traduisez les phrases suivantes pour y faire entrer le verbe <u>GO</u> et une de ses postpositions :

1. Comment vous y prenez-vous pour résoudre ce problème ?
2. Cette bombe peut exploser à tout moment !
3. Allez-y ! Choisissez celui que vous préférez.
4. Vous pouvez encore revenir sur votre décision.
5. Si vous continuez comme ça, vous allez échouer.

Traduisez les phrases suivantes qui contiennent le verbe <u>GO</u> et ses postpositions :

1. I'll go along with you on that.
2. Have you gone over this report?
3. The company went under.
4. I suppose we will have to go without his help.
5. The bill did not go through in Congress.

II. *Un autre type de caractérisation* : L'adjectif qualificatif vs. l'adjectif de relation.
Si, comme on l'a vu, la langue anglaise *ne dispose pas de* (*does not possess*) la mobilité française pour la place de l'adjectif (antéposé et postposé), elle *jouit en revanche* (*enjoys in return*) d'une très grande liberté dans la <u>nature</u> de l'adjectif. Comme nous le verrons plus tard,

l'anglais peut en effet *employer un nom pour caractériser un autre nom*, en le traitant exactement comme un véritable adjectif. *En outre* (*In addition*), l'anglais ne semble pas toujours distinguer entre un *adjectif qualificatif* (*qualifying*) et un *adjectif de relation*. Et cela présente une nouvelle difficulté.

Définissons ces termes : **l'adjectif qualificatif** *ajoute* (*adds*) au nom un élément, une caractéristique, qui en *précise* (*specifies*) le sens, un peu comme un zoom photographique. Prenons par exemple en anglais le nom *an act*, qui accepte un nombre indéterminé d'adjectifs (*good, crazy, charitable, stupid, immoral, criminal*, etc.). Si on pose la question : « *Cet acte est-il criminel* » ? La réponse peut être : oui ou non. Cet adjectif est ici *qualificatif* (*qualifying*). Si maintenant on parle d'un *criminal lawyer*, l'adjectif *criminal* ne décrit pas la morale ou la *conduite* (*behavior*) de cet *avocat* (*lawyer*), mais sa **relation** professionnelle avec la criminalité : cet avocat n'est donc pas criminel, mais il *s'occupe de cas* (*deals with cases*) qui concernent la criminalité. L'adjectif *criminel* dans ce contexte est alors un *adjectif **de** relation* (*relational adjective*).

Ainsi :   *a criminal act*   --> *un acte **criminel***
              a criminal lawyer --> *un avocat **criminaliste***
                                  un avocat au criminel

EXERCICES

En tenant compte des considérations ci-dessus, et si nécessaire à l'aide d'un dictionnaire ou d'internet, traduisez les expressions suivantes :

1. my African trip (Are they African in the same way?) _____
   an African elephant _____

2. dental surgery (Is the student really dental?) _____
   a dental student _____

3. a mechanical device _____
   a mechanical engineer _____

Côte à Côte

4. the French Embassy _____
   a French recipe _____

5. the medical school _____
   a medical operation _____
   a medical appointment _____

6. Southern Canada _____
   (civil war) the southern forces _____

7. my native language _____
   a native Frenchman _____

8. in late April, early May _____
   in these late hours _____
   a late payment _____

9. her married name _____
   her married daughter_____
   her married life _____

10. the legal profession _____
    the legal age to drink _____
    a legal document _____

11. the presidential veto _____
    the presidential dignity _____

12. banking transactions _____
    banking hours _____

13. a serial number _____
    a serial killer _____
    a serial publication_____

14. the local doctor _____
    the local newspaper _____

15. free speech _____
    a free man _____
    a free ticket _____

16. a flying saucer _____
    flying hours _____

17. a fishing license _____
    a fishing rod _____
    a fishing village _____

18. the Foreign Minister _____
    a foreign student _____

19. the Southern-Cross _____
    a southern accent _____
    a southern state _____

20. an urban area _____
    urban studies _____
    the urban renewal _____

III. *Un autre caractérisateur* : **Le nom employé comme adjectif :**
Comme on l'a déjà indiqué, la langue anglaise peut employer un nom comme adjectif, tout simplement en le plaçant devant un autre nom. Et

cela *sans préciser* (*without specifying*) la relation sémantique qui unit les deux mots. En anglais, seul le contexte culturel clarifie cette relation : il est donc parfois nécessaire de bien connaître tel contexte extra-linguistique (métalinguistique) pour comprendre la relation en question. Par contraste, le français peut lui aussi employer un nom pour *caractériser* un autre nom, mais <u>seulement en employant une préposition pour relier (connect) les deux mots</u>. Le nom qui *fonctionne comme adjectif* (*acting as an adjective*) se place alors **après** l'autre nom, parce qu'il a une valeur distinctive, donc analytique :

> *a garage door* --> *une porte **de** garage*
> *a gasoline engine* -->*un moteur **à** essence*
> *a gold watch* --> *une montre **en** or*

La question *qui se pose* (*which arises*) alors est la suivante : Quelle préposition ? Le choix de la préposition dépend de ***l'idée*** qui *unit* les deux mots mis en relation. Dans *la plupart des cas* (*most cases*), la préposition sera ***de, à* ou *en***. Chacune de ces trois prépositions présente les relations suivantes dans cette construction très fréquente en français : ***nom + préposition + complément du nom*** :

de :	temps :	the evening meal --> le repas du soir
	lieu :	the upstairs apartment --> l'appartement d'en haut
	type :	a kitchen chair --> une chaise de cuisine
	contenu :	a cup of coffee--> une tasse de café
	totalité :	an eight-room house --> une maison de huit pièces
	matière :	a silver bracelet --> un bracelet d'argent
	mesure :	a twenty dollar check --> un chèque de 20 dollars
à :	caractéristique :	the green dress lady -->la dame à la robe verte
	partie d'un tout :	a 3-bedroom house -->une maison à 3 chambres
	usage :	a coffee cup --> une tasse à café
	fonctionnement :	a sailboat --> un bateau à voile
	destination :	a sewing machine --> une machine à coudre
en :	matière :	a porcelain cup --> une tasse en porcelaine
	forme, division :	three-act play --> une pièce en trois actes
	transformation :	a pointed steeple --> un clocher en pointe

Traduisez les expressions suivantes en établissant les relations *sous-entendues* (*understood, unspecified*) en anglais :

1. lump sugar (transformation) _____
2. house for sale (destination, purpose) _____
3. the man in the grey suit (characteristic) _____
4. a chocolate ice cream (partial content) _____
5. a wine glass (for a purpose, but still empty!) _____
6. a glass of wine _____
7. a stem glass _____
8. the girl next door _____
9. the door on the right _____
10. the house across the street _____
11. the entrance to the subway _____
12. the train to Paris _____
13. His experience as a waiter _____
14. an automobile factory _____
15. a potato salad _____

IV. Il y a des situations où la préposition qui introduit le complément du nom doit être amplifiée, renforcée : En général, quand le complément du nom a une forte valeur *circonstancielle* (*coincidental, non-inherent, non-permanent*), on amplifie alors la préposition. Ceci est dû probablement au fait que la préposition française n'a pas le dynamisme de la préposition anglaise, qui parfois *même* possède la force d'un verbe.

<u>Exemples</u> :
*The man **with** him is Canadian.* --> *L'homme **qui est** avec lui est Canadien.*
                              *L'homme **qui l'accompagne**...*
*I'll stop **for** the key.* --> *Je m'arrêterai **pour prendre** la clé.*

1. The road to perfection is long. (leading to) _____
2. Is the Paris train in? (to be in, it has to arrive) _____
3. The train to or from Paris? _____

Côte à Côte

4. (on a plane) The man next to me is snoring. (which position?) _____
5. I let the dog out / I let the dog in. _____
6. Help the man up / Help the man down. _____
7. I helped the old lady across the street. (to be across, one has first to cross) _____
8. A scream from the house was heard. _____
9. The tenant across the hall is friendly. _____
10. Don't forget to stop for the mail. _____
11. The lawyer on this case in inexperienced. _____
12. (at the airport) To the gates. _____
13. This accusation against me is ridiculous. (against me permanently or happening just now?) _____
14. (on a gift) From Jim; to Mary _____
15. (on a postal package) From:... / To:... _____
16. I returned to where I had left off. _____
17. I shiver at the millions of starving children. _____
18. The mountains around us are splendid. _____
19. They don't realize our need for their help. _____
20. I do not understand her respect for him. _____
21. He is after a rich woman to marry. (what does to be after really mean?) _____

CHAPITRE 5

L'expression du nombre

L'anglais et le français diffèrent aussi dans leur vision et leur expression du nombre. De nouveau (once again), l'anglais montre dans sa présentation des faits cette même prédilection pour le visuel, ou du moins (at least) pour le concret, que nous avons déjà observée. En revanche, le français exprime (expresses) la même réalité comme (as if) après réflexion :

<u>Exemple</u> : Un enseignant anglophone parlant à ses élèves leur dira :
Don't forget to give your report card<u>s</u> to your father<u>s</u> and mother<u>s</u>...
(notez le pluriel des trois noms)
Un enseignant français dira de son côté:
N'oubliez pas de donner <u>votre</u> carnet de notes à <u>votre</u> père et à <u>votre</u> mère... (notez le singulier des trois noms)

Ainsi en général, là où l'anglais dira « ***ten noses for ten people*** », le français pensera : « ***un nez par personne*** » (*one nose per person*). Même si le pluriel n'est pas impossible, le singulier reste plus « naturel » pour un esprit français dans ces situations.

I. Traduisez les phrases suivantes en considérant les principes énoncés ci-dessus :

1. (à toute la classe) If you agree raise your hands. _____
2. I want to receive your compositions by Friday. _____
3. Be sure to send in your applications. _____
4. Turn off your cell phones when in class. _____
5. Keep your eyes on your own papers during the exam. _____

6. Clean up your desks before you leave. _____
7. Put on your coats before going out. It's cold outside. _____
8. Don't leave your caps in the classroom. _____
9. And be sure to leave your lockers locked. _____
10. ... and your bikes unlocked. _____

Vinay et Darbelnet nous rappellent qu'*indépendamment de* (*irrespective of*) la tendance précédente, le singulier et le pluriel ne concordent pas toujours entre les deux langues ; et apparemment *sans qu'il soit question* (*without...*) de vision ou de logique (*... being involved*).

<u>Exemple</u> :
What are <u>the contents</u> of this box? --> *Quel est <u>le contenu</u> de cette boîte ?*
<u>Les cerfs</u> ont mangé mes tulipes! --> *<u>The deer</u> ate my tulips!*

A.
1. Les prévisions météorologiques ne sont pas encourageantes ! _____
2. Vous êtes limités dans le nombre de bagages. _____
3. Ils nous ont annoncé leurs fiançailles. _____
4. Combien de poissons avez-vous attrapés _____
5. Éprouve-t-il même quelques remords pour son crime _____
6. Il ne me reste plus beaucoup de cheveux... _____
7. Sa remarque montre un manque de connaissances. _____
8. As-tu fini tes devoirs pour demain _____
9. The cost of medicine is scandalous! _____
10. Children usually love pasta. _____

B.
1. You can buy foreign currency at the airport. _____
2. These commodities did not exist in ancient days. _____
3. You cannot empty garbage just anywhere! _____
4. Eat your brocolli and your asparagus. _____
5. Could you give me some information on flights to Paris? ____
6. You don't need much clothing when traveling in the summer. ____
7. This is none of your business! _____

8. Let's play chess. _____
9. Did the accident cause a lot of damage? _____
10. How much data have you collected? _____
11. What was the subject of your research? _____
12. Food was flown to the refugees. _____
13. What's for dinner? -- Spinach. _____

II. **Le collectif** : Certains adjectifs anglais peuvent devenir des noms (comme en français), mais souvent avec une valeur de collectifs :

Exemple : *The rich and the poor live in the same district.* (Il s'agit ici de catégories collectives)

Pour singulariser, l'anglais doit *ajouter* (*add*) un autre mot :

Exemple :
I saw a rich man and a poor man walking together.

En revanche, le français peut employer directement le singulier ou le pluriel, selon le cas :

Exemple :
Les riches et les pauvres vivent dans le même quartier. (collectif)
J'ai vu un riche et un pauvre qui marchaient ensemble. (singulatif)
Qui sont ces pauvres qu'on voit passer tous les matins devant la maison ?

Le titre du film « *The Good, the Bad and the Ugly* » de Sergio Leone a été traduit en français avec une valeur singulative : « *Le bon, la brute et le truand* », décrivant les trois personnages du film, et non pas des notions morales (qui seraient *la bonté, la brutalité et la truandise*).

En outre, les noms et adjectifs indiquant la nationalité (Américain, Canadien, Colombien, Panaméen, etc.) peuvent avoir les deux valeurs, collective et singulative.

Exemple :
L'Américain se considère libre. (une notion = l'Américain en général)
J'ai croisé un Américain dans la rue. (une personne réelle de cette nationalité)

Mais étrangement, cette règle exclut quelques nationalités, qui semblent des exceptions : French, English, Irish, Spanish (mais pas Portuguese !), etc. Ils sont remplacés par un autre nom parallèle : ex. *Irish --> Irishman / Spanish --> Spaniard*, etc.).

1. « The good, the bad and the ugly ». (valeur collective)_____
2. The French and the English can sometimes think alike. _____
3. A little French boy just arrived in our class. _____
4. The land of the free and the home of the brave... _____
5. The sick and the wounded received immediate attention... _____
6. ... while the dead waited their turn._____
7. Do the Irish drink green beer on St. Patrick day? _____
8. I met an English woman today. _____
9. The poet Aimé Césaire was a man from Martinique. (formule courte) _____
10. One must be able to tell fact from fiction. (employer vrai et faux). _____

III. <u>Le singulatif</u> : Certains noms en anglais ont un aspect collectif permanent, indiquant une pluralité. Il faut donc un procédé, interne à la langue anglaise, qui permette de les « singulariser ». La langue française, en revanche, ne se pose pas ce problème.

Exemple :
luggage --> <u>a piece of</u> luggage --> *un bagage* (*pluriel : des bagages*)
Combien de bagages avez-vous ?

Traduire par un singulatif, si nécessaire :

1. J'ai besoin d'un renseignement. _____
2. Je vais vous donner un conseil... _____
3. J'ai mis mon bagage à la consigne de la gare. _____
4. Voilà une nouvelle étonnante ! _____
5. Tout cela est un énorme mensonge ! _____
6. Il y a eu des actes de violence en ville. _____

CHAPITRE 6

La dérivation

La dérivation linguistique est un procédé grammatical qui a servi, et sert encore, à construire de nouveaux mots. Ce procédé a pour *but (goal)* de changer la nature et la fonction d'un mot dans une phrase, *tout en (while)* préservant la même idée. La dérivation est nécessaire lorsqu'on veut changer la construction d'une phrase et que le mot *dont on a besoin (we need)* n'existe pas encore. La transformation *se fait (is done)* en ajoutant à la racine d'un mot existant (*by adding to the root of an existing word*) une ou plusieurs particules (préfixes ou suffixes). Ainsi un nom se transforme en adjectif, un adjectif en adverbe ou en nom, etc., *selon les besoins (according to the needs)* de la syntaxe de la phrase. Ainsi *se sont constituées (were created)* des « familles de mots ». Le français et l'anglais ont employé ce procédé *au cours des siècles (over the centuries)*, mais à différents *degrés (extents)*, ce qui a contribué à créer des lacunes (*lacunae, voids, gaps*).

La langue anglaise montre une grande flexibilité dans la *construction (coining)* de nouveaux mots : autour d'une *racine (root, stem)*, un certain nombre de *préfixes* et de *suffixes* peuvent aisément s'agglomérer en anglais d'une façon assez systématique et régulière. Citons un exemple :

self --> *selfish* --> *selfishly* --> *selfishness* --> *selfless* --> *selflessly* --> *selflessness* --> *unselfish* --> *unselfishly* --> *unselfishness*...

En revanche, *bien que (though)* la langue française pratique aussi la dérivation, elle n'a pas cette flexibilité constructive de l'anglais, qui *s'étend (extends)* sur une vaste portion du lexique. Il y a donc en français des *lacunes*, qui doivent être compensées par la *transposition* (= *un* changement syntaxique) ou par la synonymie. Cela *amène* (*brings*) le francophone à adapter ses solutions en l'absence d'exacts équivalents français. Comme cette situation se présente souvent en passant de l'anglais au français, il est essentiel de se familiariser avec ce *procédé* (*device*) de la *transposition* (que nous étudierons plus en détails dans la deuxième partie de ce manuel). Un synonyme peut aussi remplacer une transposition.

<u>Exemple</u> : *She acted **unselfishly**.*

Comme il n'y a pas pour cet adverbe anglais d'adverbe équivalent français, une transposition est donc nécessaire, ou alors un synonyme :

*Elle a agi **d'une façon non-égoïste**.* (locutions adverbiales)
*Elle a agi **d'une manière désintéressée**.*
*Elle a agi **généreusement** / **avec générosité**.** (adverbes synonymes)

*Note : *un adverbe qui se termine en —**ment** est souvent considéré d'un style assez lourd (heavy-handed) en français. Il est remplacé de préférence par une locution adverbiale (adverbial phrase : ex. **prudemment** --> **avec prudence**). Pour traduire **unselfishly**, l'adverbe **non-égoïstement** ne serait pas impossible... mais il pèserait une tonne (would weigh a ton) !*

<u>EXERCICES</u>

<u>I. Traduction de l'adverbe anglais avec suffixe –*ly* :</u>
Dans cet exercice, *il peut y avoir* (*there can be*) des adverbes qui ont un équivalent existant dans l'autre langue, et qui ne nécessitent donc pas de changement. Il y aura aussi des cas où la transposition sera nécessaire.

<u>Exemples</u> :
a) a ***beautifully*** *acted play* --> une pièce jouée ***à la perfection***
   (pas d'équivalent --> locution adverbiale)
b) a ***beautifully*** *acted play* --> une pièce ***joliment*** jouée (synonyme)
c) a ***perfectly*** *acted play* --> une pièce ***parfaitement*** jouée (équivalent exact, mais d'un style plus lourd en français)

Côte à Côte

A.
1. Chose curieuse, il ne reparut pas le lendemain. (simple adverbe) _____
2. Il a été congédié pour des raisons injustes. _____
3. Elle a lâché l'enveloppe sans s'en rendre compte. (simple adverbe) ___
4. Il est regrettable que personne n'y ait pensé. _____
5. De son propre aveu, il en est responsable. _____
6. Elle leva la main à plusieurs reprises. _____
7. Cela est à peine croyable. _____
8. Cet ouvrier travaille avec efficacité. _____
9. Elle a exposé son projet d'une manière convaincante. _____
10. J'avais pris ces précautions sans nécessité. _____

B.
1. She is reputedly a good surgeon. (réputation exists!) _____
2. The books were haphazardly arranged on the shelves. _____
3. The book were alphabetically arranged. (two solutions) _____
4. I can hardly believe it! _____
5. He had hardly spoken when... _____
6. You will have to announce it tactfully. _____
7. He was watching the operation critically. _____
8. They acted foolishly. _____
9. The village was massacred mercilessly. _____
10. Admittedly this is the perfect solution. _____
11. They were understandably very disappointed. _____
12. He half-heartedly accepted the deal. _____
13. I hurredly changed my vote. _____
14. He jokingly told the story of his misfortune. _____
15. You knowingly gave us false information. _____

II. Traduction du nom anglais avec suffixes –*ness* et –*ty* : De même, le suffixe anglais –***ness***, qui *se colle à* (*sticks to*) un adjectif, le transforme en nom. (Puisque la correspondance entre les suffixes –***ty*** et –***té*** semble relativement fréquente et régulière dans les deux langues, aucun exercice n'est proposé ici). *Par contre* (*On the other hand*), le suffixe –*ness* trouve moins d'équivalents français.

Exemples :
scrupulous --> his scrupulousness
(*Comme scrupulosité est plutôt pédant en français*), donc transposons :
--> **sa conscience** *scrupuleuse,* **son esprit** *scrupuleux,* **son caractère** *scrupuleux*
specific --> its specificity --> (pas de lacune, traduisons donc littéralement)
spécique --> sa spécifici*té*

Traduisez ces phrases ou *fragments* **de phrases, selon les considérations qui précèdent** : (la plupart des noms qui correspondent aux adjectifs existent en anglais : employez-les)

A.
1. Le caractère inattendu de sa remarque me surprend. _____
2. Le manque d'à-propos de sa question est étrange. _____
3. La nature arriérée de cette conception... _____
4. La dureté de cœur qu'il manifeste... _____
5. L'aspect expressif de son style... _____
6. Son manque de tact est gênant. _____
7. L'esprit de vengeance qui l'anime... _____
8. L'absence de douleur dans sa blessure l'étonnait. _____
9. Il a perdu connaissance pendant un moment. _____
10. Ses manières maladroites ne donnent pas confiance. _____

B.
(Essayez diverses solutions : traduction directe, transposition, synonymie)
1. Our team showed its competitiveness. _____
2. Such carelessness is inexcusable. _____
3. Political correctness can at times be overdone. _____
4. Idleness is the mother of all vices. _____

5. Drunkenness is frequent on weekends. _____
6. His friendliness facilitated the negotiations. _____
7. I feel some numbness down my leg. _____
8. His impulsiveness is unsuitable for our mission. _____
9. This is the result of gross recklessness. _____
10. The peacefulness of this valley... _____

III. Le préfixe anglais *un‑* et son correspondant français *in‑* : Ces deux préfixes exercent une fonction de négation. La correspondance entre les deux langues est, dans cette catégorie, assez régulière et fréquente.

Exemples :
*un*able --> *in*capable
*un*acceptable --> *in*acceptable
*un*certain --> *in*certain

Il y a cependant en français beaucoup d'adjectifs qui ne prennent pas le préfixe *–in*. Ces lacunes (*lacunae, gaps*) entraînent ainsi l'emploi de transpositions, de périphrases ou de synonymes.

Exemples :
*He was **un**afraid.* -->	*Il **n**'avait **pas** peur.* (simple négation)	
*She was **un**accompanied.* -->	*Elle **n**'était **pas** accompagnée.* (transposition)	
<u>*He*</u> *was **un**wanted in the club.* -->	<u>*On*</u> *ne voulait **pas** de <u>lui</u> au club.* (périphrase + transposition)	
	-->	*Il **n**'était **pas** <u>accepté</u> au club.* (synonyme)

Traduire les phrases suivantes, en déterminant s'il y a concordance de préfixes ou non entre l'anglais et le français.

1. They were totally unaware of the situation. _____
2. A tornado in our region is not uncommon. _____
3. This dish is unappetizing. _____
4. This shipwreck is still unidentified. _____

5. The verdict was absolutely unjust. _____
6. These slick tires are unsafe. _____
7. Your remark is totally unhelpful. _____
8. They were unaffected by the crisis. _____
9. The result of the vote remains unpredictable. _____
10. The purpose of his project is unclear. _____
11. This young man is totally unambitious. _____
12. My travel request is still unapproved. _____
13. Her sudden departure was unnoticed. _____
14. The child learned to read unaided. _____
15. This person prefers to live alone and unattached. _____
16. Don't leave your bike unattended. _____

Texte :

Traduisez les éléments soulignés de ces deux textes (ou même mieux le texte entier, si on est ambitieux !) :

Un texte de Joseph Conrad[6], <u>The Lagoon</u>, nous offre un passage où plusieurs exemples de mots à préfixes et suffixes *empêchent* (*prevent*) la traduction littérale, à cause de lacunes de dérivation en français.

The sun <u>appeared unclouded</u> and dazzling, poised low over the water that <u>shone smoothly</u> like a band of metal. The forests, sombre and dull, <u>stood motionless</u> and silent on each side of the broad stream. At the foot of big, towering trees, <u>trunkless nipa palms</u> rose from the mud of the bank... in bunches of leaves enormous and heavy, that <u>hung unstirring</u> over the brown swirls of eddies.

---

[6] Conrad, Joseph: The lagoon, Cornhill Magazine, 1897.

CHAPITRE 7

La phrase

Pour des raisons variées, dont certaines sont d'ordre rhétorique, le *cheminement mental* (*mental progression*) peut diverger de façon importante entre l'anglais et le français. L'ordre des mots, et même des *propositions* (*clauses*) dans la phrase peut être affecté par diverses causes.

I. Inversion du thème et du propos dans la phrase : Cette construction sert souvent à *mettre en relief* (*to emphasize*) un élément de la phrase. Souvent par stratégie rhétorique, là où l'anglais conserve la construction *sujet +verbe +complément*, le français *inverse* (*reverses*) souvent cet ordre. Le *thème* désigne *ce dont il est question* (*what it's about*), et le *propos* est **l'élément** *ajouté* (*added*) **pour compléter l'idée introduite par le thème.** Dans leur étude théorique, <u>Stylistique comparée du français et de l'anglais</u>, Vinay et Darbelnet citent cet exemple très simple:

I have read (thème = *act of reading*) --> **this book** (propos = *object of the act*)

Si l'anglais veut *accentuer* (*emphasize*) l'acte de *reading* ou le mot *book*, il suffira d'*élever la voix* (*raise the voice*) sur ce mot, ou de le *souligner* (*underline*) par écrit, <u>sans changer l'ordre de la phrase</u> :

>I have <u>read</u> this book. (= I did not just leaf through it.)
>I have read <u>this book</u>. (= this one in particular.)
><u>I</u> have read this book. (= I for one have read it.)

Dans la même situation, le français *aura recours* (*will resort*) à une *dislocation* de la phrase ou *à* une *mise en relief* (*emphasis*) d'un élément par la répétition :

> *Ce livre, je l'ai lu.* (= et non pas *feuilleté* [*leafed through*])
> *Je l'ai lu, ce livre.* (= ce livre en particulier)
> *Moi, j'ai lu ce livre.* (= moi, parmi d'autres personnes possibles)

EXERCICES

Traduisez les phrases suivantes en tenant compte des considérations qui précèdent : (*il peut y avoir* [*there can be*] dans certaines phrases plusieurs solutions).

1. Qui a écrit Le Petit prince ? (réponse : Saint-Exupéry) _____
2. Qui a lu Le Petit prince ? (réponse : moi) _____
3. On devient forgeron en forgeant. _____
4. Une nouvelle vie commence. _____
5. On n'obtient pas un diplôme sans effort. _____
6. Le raisin se récolte en octobre. _____
7. Quelqu'un désire vous voir. _____
8. Quelqu'un d'autre m'a annoncé la nouvelle. _____
9. Je vous cherchais. _____

II. On observe aussi la prédilection du français pour l'expression impersonnelle ou le *tour de présentation* (*introductory phrase*). Le *tour de présentation* peut prendre plusieurs formes (*il y a... que, il est + adjectif... que, il* (*impersonnel*) *+ verbe, c'est + adverbe... que*, etc.). Cette construction est fréquente en français. Il arrive que le besoin *se fasse sentir* (*is felt*) d'inverser le thème et le propos pour insister *d'avance* (*in advance*) sur la nature ou la caractéristique d'une idée avant de la présenter. Il s'agit d'un procédé rhétorique apte à piquer la curiosité :

Exemple :
He **obviously** does not know it. --> *Il est évident qu'il ne le sait pas.*

L'action est située *d'abord* (*first*) en termes d'évidence, avant *d'être énoncée* (*being stated*). Cette stratégie *ajoute* (*adds*) une nuance de suspense : le lecteur ou l'interlocuteur se pose *immédiatement* la question : « *What in the world might be evident ?* ») :

Autre exemple :
Some people would disagree. --> **Il y a <u>des gens</u> qui** ne seraient pas d'accord.

Some est un mot vague, indéfini, apte donc *à bénéficier* (*benefit from*) d'un **tour de présentation**. Ce tour, qui assume la fonction de *thème* (*il y a* = idée d'existence ou de présence), *déplace ainsi* (*thus displaces*) « *some people* » de la place du thème à celle du propos (<u>des</u> et <u>gens</u> sont des mots à signification vague).*

*<u>Note</u> : mais si la phrase disait : « <u>Les</u> gens » (= en général, donc un mot bien défini), le tour de présentation serait alors inutile (*useless*).

Traduisez les phrases suivantes dans un anglais idiomatique, et en employant le tour de présentation pour la section anglais-français : (diverses constructions sont *bien sûr* (*of course*) possibles en anglais : *essayez-les* (*try them out* !)

A.
1. Il ne reste que très peu du bâtiment d'origine. _____
2. Il n'y a eu que quelques personnes qui ont pu entrer. _____
3. Il est possible qu'il y ait une solution. _____
4. Il y a des faits dont ce journal ne parle pas. _____
5. Il n'en reste pas moins que la crise dure encore. _____
6. Il arrivera d'autres produits la semaine prochaine. _____
7. Reste le problème de la famine mondiale. _____
8. Il y a même eu une fois où il a été capturé par l'ennemi. _____

B.
1. No two organisms are exactly alike. _____
2. Only truth hurts. _____
3. One rarely finds a more pitiful human being! _____
4. Many events took place since the war. (use arriver) _____

5. The marketing and distribution issues remain. _____
6. Someone came for you while you were out. _____
7. I would like to tell you something... (use il y a) _____
8. I am wrong sometimes. (use arriver) _____
9. Washing your hands when coming home is important. _____
10. In his story, something was not clear. _____
11. Can somebody help me solve this problem? _____

III. Plus souvent qu'en anglais, un texte en français présentera les circonstances d'une action avant cette action même : Cette construction est évidemment *facultative (optional)*, utilisée pour un effet de style.

<u>Exemple</u> :
Plus que ceux en plastique, les récipients en verre se vendent dans ce pays. Glass containers are sold more often than **those in plastic** in that country.

Traduisez les phrases suivantes dans un anglais idiomatique :

1. Parmi ces moyens, le plus actif, le plus stable, est l'aide de l'État. _____
2. Sûr d'être acquitté, l'accusé arborait un sourire de défi. _____
3. Longtemps négligé, le commerce extérieur était encore faible. _____
4. À l'exception de l'eau, le thé est la boisson la meilleure marché. _____
5. En moins de cinq minutes, votre lessive est terminée. _____
6. Leur donnant un avantage certain sur les bicyclettes, les freins des mobylettes sont protégés contre l'humidité. _____
7. Moins chère à l'achat, cette voiture consomme plus que celles de sa catégorie. _____
8. Source d'une appréciable économie, cette méthode a été adoptée par nombre d'entreprises. _____
9. Mieux armé que ses voisins, ce pays n'a pas eu de peine à conserver sa souveraineté. _____
10. Peu ambitieux et trop modeste pour se mettre en avant, ce jeune

homme n'a jamais atteint son potentiel. _____
11. Plus que de plaisance, ce tourisme est souvent de transit. _____
12. Produisant une pression par son couvercle étanche, la cocotte-minute cuit les aliments plus rapidement. _____
13. En sept ans, de vingt-huit, les compagnies de chemin de fer s'étaient réduites à six. _____

IV. Les *chaînes de noms* (*strings of nouns*) de l'anglais :
Plus concise dans sa syntaxe que le français, la langue anglaise tend à *synthétiser* ses constructions. Le cas de l'adjectif *antéposé* (*preceding*) en est un autre exemple (cf. Chapitre. 3, section IV). L'anglais offre *en outre* (*also*) la possibilité de construire des groupes de noms *enchaînés* (*tied*) les uns aux autres par *simple* (*mere*) juxtaposition. Le français, dans sa vision plus analytique, *ne dispose pas de* (*does not possess*) cette flexibilité. Pour <u>articuler</u> le message, la langue française doit donc présenter ces noms *en* (*as*) éléments distincts, mais *en les reliant* (*by connecting them*) par des prépositions et des articles. *En échange* (*in return*), cette servitude linguistique imposée par la *démarche* (*mental process*) française *confère* (*confers, gives*) au texte une plus grande précision, une plus grande clarté, *apportée* (*brought about*) par ces mots de liaison (prépositions, articles, verbes, etc.). Mais cela présente pour un anglophone une difficulté syntaxique majeure, car il faut alors établir une relation entre les mots, nécessitant un choix de connecteurs (préposition, article, verbe).

<u>Exemples</u> :
*a **long-term approach** <u>to</u> successful **career planning**...*
*une **méthode** <u>à</u> long terme <u>visant à</u> planifier une **carrière** fructueuse...*
(Notez l'étoffement par un verbe)

*A **<u>tax-free</u>** bank investment* --> *Un investissement **<u>de la</u>** banque **<u>exonéré de taxes</u>***
*Un investissement **<u>bancaire exonéré de taxes</u>***

Traduisez les phrases suivantes selon les normes de chaque langue, et en employant pour la section A. à traduire en anglais (LA) des chaînes de noms :

A.
1. Cette expérience nous a ouvert les yeux. _____
2. C'est un contrat hallucinant ! _____
3. Ce projet réclame énormément de temps. _____
4. La poterie est une occupation qui devient addictive. _____
5. Ce tissu résiste aux taches et ne se fripe pas. _____
6. Voilà une musique qui me tape sur les nerfs ! _____
7. Le 14 juillet est la fête de la Prise de la Bastille. _____
8. C'est une histoire à faire dresser les cheveux sur la tête. _____
9. Les négociations qui se déroulent actuellement pour maintenir la paix... _____
10. Ma voiture est inégalée pour démarrer les matins de grand froid. _____
11. Ce pantalon peut se laver à la machine et ne nécessite aucun repassage. _____
12. Cette moto est équipée à l'avant d'une suspension télescopique. _____
13. Les États-Unis ont un système politique à deux partis. _____
14. Il n'est pas recommandé de suivre une moto de trop près. _____

B. (La créativité est essentielle dans cette section. Préparez-vous à « articuler » : verbes, prépositions, articles, etc.).

1. This company signed a three-year, 15-million dollar contract. _____
2. (a title in the press) Orders in for Rockwell aircraft safety system _____
3. This is a thought-provoking film. _____
4. It was an impressive six-story stone building. _____

5. They are honest-to-goodness, God-fearing people. _____
6. We put in an honest day's work. _____
7. She wrote a book-length study on Italian Renaissance poets. _____
8. The university planned tuition increase comes as no surprise. _____ _____
9. A change in the student registration system is under consideration. _____
10. Maintaining high-quality facilities in a slim budget period is a real challenge. _____
11. America's major trading partners met for a long-awaited disarmament conference. _____
12. The peace-keeping efforts in this trouble-ridden, poverty-stricken part of the world... _____
13. This hard debated law can have long-lasting effects. _____
14. (at a bank) You are protected by our online risk free warranty. _____

V. L'ordre des mots dans la *proposition relative (relative clause)* :
Sans entrer dans des considérations techniques et terminologiques sur la relation entre le rythme de *la phrase (sentence)* et la *respiration (breathing)*, *il suffira (we will just)* d'indiquer ici que *toute (any)* phrase *comporte (includes)* une partie *montante (ascending)*, *suivie d' (followed by)* une partie descendante, ce qui constitue *ce qu'on nomme la cadence (what is called the rhythmic flow)* de cette phrase. Or la phrase française est souvent caractérisée par la **cadence majeure**, c'est-à-dire une organisation rythmique par **nombre croissant** *(increasing number)* de syllabes, ou **du moins non-décroissants** *(at least no decreasing)* :

Exemple : J'ai acheté / <u>une bicyclette</u> / **<u>à mon petit-fils</u>**.
J'ai acheté/ **<u>à mon petit-fils</u>** / <u>une très belle bicyclette rouge à dix vitesses synchronisées.</u>

Par contraste avec la langue allemande, et parfois même avec la langue anglaise, qui tendent à placer le verbe en fin de phrase, la cadence française *évite (avoids)* de terminer la phrase sur un verbe. Dans une perspective française, cela *consisterait (would amount)* à placer le mot le plus dynamique, et le plus court, à *l'endroit même (the very place)* où la voix *se repose (comes to a rest)*. C'est pour cette raison qu'il est *peu fréquent (infrequent)* de voir en français un verbe *comme (as the)* dernier mot d'une phrase.

Un cas particulier où la construction d'une phrase diffère entre l'anglais et le français est celui de la *proposition relative (relative clause)*, lorsqu'un *long sujet (long subject of the sentence) pousserait (would throw)* le verbe à la fin de la phrase.*

Exemple :
*This is the amount of research that **the important discovery of antibiotics** <u>has triggered</u>.*
Voilà la somme de recherches qu'<u>a déclenchée</u> **l'importante découverte des antibiotiques.**

*Note grammaticale : *le pronom relatif **que (qu')** est toujours complément d'objet, et ne peut donc **jamais** être le sujet d'un verbe. Il faut ainsi chercher le sujet **ailleurs** (elsewhere) dans la phrase, pour éviter (avoid) de confondre (confusing) la conséquence avec la cause et vice versa* !

Traduisez les phrases suivantes en adoptant la construction qui vous paraîtra la plus idiomatique : Ces phrases, ou *fragments* de phrases, sont *hors de (out of)* leur contexte, qu'*il vous faudra (you will have to)* imaginer.

A.

1. La région parisienne, que dessert un vaste réseau de transport routier... (Where is the subject?)_____
2. La somme immense de recherches qu'a suscitée l'invention des ordinateurs... (What induced what?) _____
3. Cette concentration démographique que produit la localisation des matières premières... _____
4. L'agriculture est donc un domaine que fait évoluer l'ensemble des autres secteurs économiques. _____

5. C'est le cas des fabricants de soie, qu'affectent les industries concurrentielles de tissus synthétiques. _____
6. Le textile est actuellement la branche que touche le plus la reconversion industrielle. _____

B.
1. This concerns a contract that your client has signed. _____
2. The immoral speculation that the fall of the dollar recently produced... _____
3. The demographic concentration which the location of raw materials entails... _____
4. This crisis that the great majority of nations had never suspected... _____
5. That sinking feeling that even a very healthy person sometimes experiences... _____
6. The economic security which every retiring worker hopes to achieve... _____

VI. Voix passive / voix active et autres constructions :
L'emploi de la voix passive est beaucoup moins fréquent en français qu'en anglais. Peut-être cela *vient-il (stems from)* d'une tendance de l'anglais à une présentation ***objective*** des faits, c'est-à-dire du point de vue de l'objet, et non pas du *sujet parlant (speaker)*. Or le plus souvent, lorsque la voix passive s'emploie en français, c'est que le verbe est accompagné de son agent (ex. *L'accusé est défendu **par un avocat***). C'est pourquoi un verbe à la voix passive en anglais sera souvent traduit en français par d'autres constructions :

Exemples :   *The price of gasoline **is expected** to rise.*
On s'attend à *voir augmenter le prix de l'essence.*

*Eggs **are sold** by the dozen.*
*Les œufs **se vendent** à la douzaine.*
On vend *les œufs à la douzaine.*

La formule *on* + *verbe actif* est une formule *subjective* de l'action, en contraste avec l'*objectivité* de la voix passive. Avec le verbe pronominal (*se* + *verbe* actif), le dynamisme de l'action se transfère à un objet inanimé (ex. *les oeufs*), *comme si* (*as if*) une chose *pouvait agir par soi-même* (*could act on its own*). Le processus est *semblable* (*similar*) en anglais dans la phrase : *The eggs **sell** by the dozen.* (*Eggs don't sell, they are sold by someone!*). On appelle cette formule objective ***animisme linguistique***, probablement par analogie à la vision animiste religieuse, qui projette des *âmes* (*souls*), *anima* en latin, *dans* (*into*) les choses.

Traduisez les phrases suivantes en respectant les normes de chaque langue :

A.
1. (proverbe) La vengeance est un plat qui se mange froid. _____
2. La fenêtre de sa chambre d'hôtel s'ouvrait sur la rue. _____
3. La population de Mexico s'élève à plus de 20 millions d'habitants.___
4. Thanksgiving ne se fête pas en France. _____
5. On l'a averti immédiatement de la décision. _____
6. On ne le voit plus depuis un mois. _____
7. On peut dire que le pays passe par une période difficile. _____
8. La défense s'organisa sur les remparts pour protéger la ville. _____
9. L'expansion industrielle se trouve freinée, faute de marchés. _____
10. Cette année-là s'est constituée la nouvelle association. _____

B.
1. (une chanson) They say that falling in love is wonderful. _____
2. Much money is being wasted into political contributions. _____
3. Economic recovery is not expected until next year. _____
4. Baseball is not played in many countries. _____
5. In England, cars are driven on the left of the road. _____
6. The Mont St.-Michel rose before me. _____
7. Usually dinner is served at 6 o'clock. _____
8. Come and get it! Dinner is served. _____
9. Dinner is served by a stylish staff. _____

10. A gunshot was heard from the house. _____
11. Fried chicken can be eaten with the fingers. _____
12. He was taught French in Quebec. _____
13. This is not done in a civilized society. _____

DEUXIEME PARTIE

Procédés fréquents de traduction

CHAPITRE 8

Le livre de Vinay et Darbelnet, <u>Stylistique comparée du français et de l'anglais</u>, *fait état de* (*states*) sept *procédés* (*devices, techniques*) qui *se répètent* (*recur*) ordinairement dans le passage d'une langue à une autre. *Trois d'entre eux* (*Three of them*) sont classés comme traductions littérales et quatre comme traductions « obliques », c'est-à-dire qui divergent de la traduction littérale, lorsqu'elle est jugée inappropriée à la situation ou non-conforme aux normes de la langue d'arrivée (LA). En voici la liste :

1) <u>traductions littérales</u> : le mot à mot, l'*emprunt* (*borrowing*) et le *calque* (*loan translation*) ;
2) <u>traductions obliques</u> : la transposition, la modulation, l'équivalence et l'adaptation.

Nous avons déjà employé *la plupart* (*most*) de ces procédés dans les exercices précédents de ce manuel, probablement sans le savoir, un peu comme Monsieur Jourdain dans la comédie de Molière, <u>Le Bourgeois gentilhomme</u>, qui était tout *étonné* (*astonished*) d'apprendre qu'il avait parlé en prose toute sa vie ! Nous allons *à présent* (*now*) examiner chacun de ces procédés :

I. <u>Procédés de traduction littérale</u> :

1) <u>Le *mot à mot (word for word)*</u> : Ce procédé *s'emploie* (*is used*) surtout dans des phrases simples et courtes, où ni le vocabulaire ni la structure ne nécessite un changement. Une bonne connaissance active des deux langues est la meilleure *condition préalable* (*prerequisite*) pour *sentir* (*feel, sense*) si le mot à mot est possible. *Autrement* (*Otherwise*), dans le doute, il est bon de consulter un dictionnaire ou une grammaire.

Exemples :

1	2	3	4	5
I	went	to	Chicago	last week.
Je	suis allé	à	Chicago	la semaine passée.

Dans cette phrase le mot à mot est possible, ainsi que l'ordre des mots.

Comparez :

1	2	3	4	5
I	drove	to	Chicago	last week.
1	2	3	4	2	5
Je	suis allé	à	Chicago	en voiture	la semaine passée.

Dans cette seconde phrase, une transposition est nécessaire, à cause du verbe *drive to* : nous avons déjà vu qu'en français les verbes de *mouvement* (*motion*) n'ont pas de valeur *vectorielle* (*directional*). Seuls les verbes comme *aller, venir, partir,* sortir, etc. possèdent cette valeur. Étant abstraits, non-imagés, ces *derniers* (*latter*) verbes nécessitent une *caractérisation* : *en voiture, à pied, en avion, à cheval,* etc. Le verbe *conduire* (équivalent habituel de *to drive*) ne peut donc pas s'employer dans ce contexte. Ni les verbes comme **marcher, voler, nager**, etc., dans une *même* (*similar*) situation.

Si on traduisait par *J'ai conduit à Chicago*, on aurait là une phrase grammaticalement correcte, mais qui veut dire autre chose : *I drove in* (*inside*) *Chicago*, et non pas *to Chicago*. La situation est donc totalement différente et présente alors, *véritable piège* (*a real trap*), le danger d'un **contresens** (*mistranslation*).

2) **L'emprunt** : L'emprunt (*borrowing*) est un phénomène très fréquent : c'est le transfert *tel quel* (*as is*) d'un mot ou d'une expression d'une langue à une autre langue, **sans les modifier**. Au cours des *siècles* (*centuries*), ce phénomène *s'est produit* (*occurred*) de façon continuelle entre l'anglais et le français, et dans les deux directions. En *plus de combler des lacunes* (*In addition to filling voids*), les causes en sont variées : influence culturelle *passagère* (*passing*), nouvelle mode, invention technologique récente, etc. Il est plus facile d'emprunter que de créer !
Par exemple, dans *ses débuts* (*its early stage*), la terminologie *informa-*

tique (*data processing*) de l'anglais est passée *telle quelle* (*as is*) dans la langue française (*le hardware, le software, l'e-mail, cliquer*, etc.). Puis, les instituts qui ont pour mission la protection de la langue française *ont réagi* (*reacted*) en *créant* (*by creating*) ou en adaptant des mots bien français pour désigner ces nouvelles réalités qui étaient devenues communes : ainsi **le hardware** est devenu **le matériel** ; **le software** --> **le logiciel** ; **l'e-mail** --> **le courriel**, Mél. (Symbole de « messagerie électronique » qui peut figurer devant l'adresse électronique sur un document (papier à lettres ou carte de visite, par exemple), tout comme Tél. devant le numéro de téléphone. Note: « Mél. » ne doit pas être employé comme substantif. Journal officiel du 20/06/2003), etc. Le verbe cliquer est resté, puisque les noms un clic, un déclic existaient déjà depuis longtemps dans la langue française, bien que dans un autre domaine. Mais dans ce dernier cas, le verbe to click a été « francisé » en cliquer. Il est ainsi devenu un calque (*a loan translation*) : c'est le procédé de traduction suivant, numéro 3 de cette liste (voir plus loin).

En *définitive* (*ultimately*), c'est généralement la population qui décide si l'emprunt restera ou si *on le laissera mourir* (*it will be left to die*). Or l'emprunt est parfois *chez* (*in*) certains individus un prétexte pour montrer leur érudition interculturelle ! *Au lieu de* (*Instead of*) dire par exemple *a blunder, a boo-boo, a mistake*, on dira *a gaffe, a faux-pas*, qui sont des mots empruntés à la langue française. Autre exemple : « She has a certain **je ne sais quoi** that charms everybody ». Cette expression française *veut dire* (*means*) : « an undefinable something ».

Un emprunt peut parfois s'employer pour *ajouter* (*add*) à son texte une nuance de couleur locale. Dans un texte où l'action *se passe* (*takes place*) dans un *pays* (*country*) anglophone, on pourra dire : « Je ne mange pas dans les chaînes de **fast-food** », au lieu de (*instead of*) : « Je ne mange pas dans les chaînes de **restauration rapide** ». Le choix repose *sur* (*rests on*) la sensibilité et *l'esprit d'à-propos* (*sharp-mindedness*) du traducteur ou de la traductrice, car l'expression **fast-food** est bien connue *du* (*by the*) public français.

Un cas intéressant d'emprunt est celui du mot français **une boutique**, qui est entré *dans les années 60* (*in the 1960s*) dans la langue anglaise. Ce mot qui *désignait* (*named*) en français une variété de petits *magasins tout simples* (*just plain shops*), a acquis dans le contexte américain une connotation valorisée, plus limitée, celle d'un petit magasin spécialisé, un peu chic, surtout de mode féminine. Ou même un produit de qualité unique... Or le mot *boutique*, qui à l'origine n'avait rien de prestigieux en français, ce mot semble maintenant avoir *hérité (inherited)* en retournant en France un peu de cet aspect chic que lui a donné la langue américaine ! *C'est ainsi que (Thus) parfois les cultures se font des petits cadeaux (give each other little gifts)* !

3) Le calque (*loan translation*) : Comme nous l'avons vu brièvement au chapitre 2, le *calque*, du verbe *calquer (to trace, to copy)*, est une forme d'emprunt, *dans la mesure où (insofar as)* le mot ou l'expression imite soit l'image, soit la structure étrangère. *Pour ainsi dire (As it were)*, le calque est une sorte de « naturalisation » linguistique : le mot *acquiert (acquires)* un nouveau statut.

Exemples :
a) Simple calque : L'emploi du mot *définitivement* pour traduire *definitely* (comme on l'entend souvent) est un calque pur et simple de l'anglais. Le suffixe —**ment** l'a « naturalisé » français ! Mais c'est un *mauvais (wrong)* calque, car il faut traduire : *assurément, réellement, absolument*. Car le mot bien français *définitivement* signifie : *permanently, for good*. Ce calque est donc aussi un **faux-ami** (*false cognate*), donc *à éviter (avoid)*.

b) Calque d'expression : La phrase imagée : « *Ce n'est pas ma tasse de thé* » imite l'expression anglaise : *It's not my cup of tea*, pour indiquer un *manque (lack)* d'expertise ou d'intérêt. Ici, c'est *l'image* qui est *calquée (modeled)* sur l'anglais, mais la structure *reste (stays)* conforme aux normes de la grammaire française. Dans ce cas précis, cette expression est encore un faux-ami, car on dirait plutôt en français (parmi d'autres possibilités) : « *Ce n'est pas **mon truc*** », (*my thing*).*

Note : il faut dire que le thé est bien moins (much less) apprécié en France que dans les milieux anglo-saxons !

c) Calque de structure : L'expression française *une surprise-partie* a été calquée non seulement sur l'expression anglaise, *a surprise-party*, mais elle a *même (even)* adopté la structure anglaise (*surprise* est en effet un nom adjectivé qui modifie un autre nom, *party*, sans l'aide d'une préposition). Or en principe, cette structure grammaticale n'est pas française. Cela *n'a pas empêché* (*has not prevented*) cette expression de trouver un usage fréquent *auprès du* (*with*) public français, et finalement sa place légitime dans les dictionnaires !

Pour le meilleur ou pour le pire (*For better or worse*), il existe donc des calques qui *finissent par* (*end up by*) être acceptés avec l'usage et le temps. Le dictionnaire, et dans une certaine mesure, l'internet sont de bons guides pour déterminer ce qui est accepté et ce qui ne l'est pas. Et une grammaire *de base* (*basic*) permet aussi de vérifier les questions de structure (forme et syntaxe).

EXERCICE

Dans cet exercice, corrigez les expressions suivantes pour éviter les calques *fautifs* (*faulty*) :
Exemple :
You can say that again! (exclamation)
(erreur de traduction) *Tu peux encore dire ça* ! (traduction mot à mot)
(correction) --> *À qui le dis-tu* ! (expression idiomatique pour la situation)

1. Will you support my application? (not *supporter*! not *application*!)
(deux erreurs de traduction) Voulez-vous supporter mon application ?
(correction) _____

2. Please excuse this delay. (watch out for *delay*!)
(erreur de traduction) Je vous prie d'excuser ce délai.
(correction) _____

3. This school provides a good education. (verify the extension of education)
(erreur de traduction) Cette école dispense une bonne éducation.
(correction) _____

4. What an exciting movie!
(erreur de traduction) Quel film excitant !
(correction) _____

5. What software do you use?
(erreur de traduction) Quel software utilisez-vous ?
(correction) _____

6. This decision makes no sense.
(erreur de traduction) Cette décision ne fait aucun sens.
(correction) _____

7. She has a green thumb.
(erreur de traduction) Elle a un pouce vert.
(correction) _____

8. Pay attention when you write your composition.
(erreur de traduction) Paie attention quand tu écris ta composition.
(deux corrections) _____

9. I often listen to the BBC news on the radio.
(erreur de traduction) J'écoute souvent les nouvelles de la BBC à la radio.
(correction) _____

10. He is a first class expert.
(erreur de traduction) C'est un expert de première classe.
(correction) _____

II. Procédés de traduction oblique :

4) La Transposition : Pour diverses raisons, le passage d'une langue à l'autre *entraîne* (*entails*) souvent des changements de structure syntaxique et grammaticale. *D'ailleurs* (*besides*), dans une seule et même langue, il est aussi possible de présenter une situation *de plusieurs manières* (*in several ways*), en changeant les *parties du discours* (*parts of speech*) : un verbe est remplacé par un nom ; un adjectif par un adverbe, etc. Or les nombreuses différences grammaticales et syntaxiques qui distinguent l'anglais du français *font de* (*make*) la transposition le procédé peut-être le plus employé entre les deux langues. Car les lacunes, la dérivation irrégulière, les constructions, les aspects, etc. sont *autant* (*as many*) d'obstacles à la traduction littérale.

Exemples :
*I am waiting for **her to come back**.* (pronom personnel + verbe à l'infinitif)
*I am waiting for **her return**.* (adjectif possessif + nom)

J'attends **qu'elle revienne**. (conjonction *que* + verbe au subjonctif)
J'attends **son retour**. (adjectif possessif + nom)

Or si l'on compare les secondes phrases de chaque groupe ci-dessus, qui *à première vue* (*at first glance*) semblent identiques (adjectif possessif + nom), *on pourrait croire* (*one might think*) qu'elles sont la traduction exacte l'une de l'autre. Or ce n'est pas entièrement le cas : *contrairement à* (*unlike in*) l'anglais, la langue française tend à *privilégier* (*to privilege*) l'emploi du nom *plutôt que* (*rather than*) du verbe. C'est probablement parce que le français *conçoit* (*conceives*) souvent l'action dans son aspect *accompli* (*completed*), *tandis que* (*whereas*) l'anglais la considère dans son *déroulement* (*unraveling*), dans son aspect dynamique. *Ainsi* (*Thus*), cette phrase française qui emploie ici le nom *retour* est d'un *niveau* (*level*) de style ordinaire, *tandis que* (*whereas*) la phrase anglaise, en employant le nom *return*, est d'un niveau *plus soutenu* (*formal*). Les niveaux de style ont généralement une grande importance dans la traduction littéraire. (Voir le dernier chapitre de ce manuel).

EXERCICES

I. **La transposition** : Ce procédé peut *porter sur* (*relate to*) toutes *les parties du discours* (*parts of speech*). Et dans un segment *donné* (*given*) à transposer, chaque élément de la LD doit trouver sa correspondance dans le segment traduit de la LA. La vérification de ce procédé s'appelle le *découpage*, qui consiste à *découper* (*cut up, dissect*), *souvent mentalement*, une phrase ou une expression *en* (*into*) *unités de pensée*, simples ou composées, pour ensuite *vérifier* (*verify, account for*) leur présence dans le texte traduit :

Exemples :
```
  1     2    3   4   5         1 & 3    4      2        5
The  last  time we  met... --> Lors de notre dernière réunion...
```

La transposition peut être soit *facultative* (*optional*), soit obligatoire :

A la fin de l'été... -->   At **the end of** the summer... (mot à mot)
                               In **late** summer... (transposition : nom --> adjectif)

Traduisez les phrases suivantes, en transposant et en expliquant votre transposition :

A.
1. Le scout a aidé la dame âgée à traverser la rue. (just a preposition)
   _____

2. Elle tua son agresseur d'un coup de révolver. (coup de revolver --> verb)
   _____

3. (sur un panneau) Défense de stationner. _____
4. (sur un mur) Défense d'afficher. _____
5. (sur un camion) Livraison à domicile. _____
6. Les prix ne tarderont pas à monter. _____
7. Elle est d'une candeur désarmante. _____
8. Il croyait gagner facilement quelques dollars. _____
9. La secrétaire s'était trompée de dossier. _____
10. Au début du XVIe siècle... _____

11. Contentez-vous de répondre à ma question. _____
12. (à un guichet) Achats et ventes de devises. _____
13. Il se croit génial ! _____

B.
1. The day when he left... (verb --> noun) _____
2. Eastern United States... (adjective --> noun) _____
3. We nearly missed our flight. _____
4. Help me down and out of here. _____
5. We soon realized something was wrong. _____
6. You are a good writer. _____
7. The day after you return, ring me up. (day after?) _____
8. She has just arrived in town. _____
9. Stay off your left ankle. _____
10. This is a hopeless try. _____
11. The full price must be paid in advance. _____
12. House for sale: price reduced. _____

II. Le chassé-croisé : Ce procédé est un cas particulier de la transposition. Ce terme est *emprunté à* (*borrowed from*) l'art du ballet : un *pas* (*jump*) de danse accompagné de plusieurs *croisements* (*crossings*) rapides de *jambes* (*legs*). En stylistique, ce terme désigne une **double transposition** avec *inversion* syntaxique des mots.

<u>Exemple</u> :

       1   2
I walked across the bridge.
      2   1
J'ai traversé le pont à pied.

Le verbe anglais *est devenu* (*became*) un nom en français ; et la préposition s'est transformée en verbe. Dans cet exemple, <u>la traduction littérale de l'anglais vers le français est impossible</u>, parce que (comme nous l'avons déjà expliqué) les verbes de *déplacement* (*motion*), tels que *marcher, conduire, voler, nager, courir*, etc. sont des **mots-images**, qui *expriment* (*express*) seulement la manière de se déplacer et non pas le déplacement *même* (*itself*), comme en anglais. Pour les traduire en français, il faut donc employer les verbes abstraits, comme *aller, venir, sortir, entrer, quitter*, etc., et y ajouter ensuite l'image.

Autre exemple :
He ran out of the house. --> *Il **est sorti** de la maison **en courant**.*
(*out* --> *sortir*; *ran* --> *en courant*)

Traduisez les phrases suivantes à l'aide de chassés-croisés :

1. She ran back home. _____
2. We flew to New York. _____
3. I was rushed to the hospital. _____
4. They cycled across the whole state. _____
5. She kicked one shoe off. _____
6. He tiptoed up the stairs. _____
7. The speleologist crawled out of the cave. _____
8. He was limping along the road. _____
9. The dam was washed away by the flood. _____
10. The car was speeding down the mountain. _____
11. I sneaked out of the building. _____
12. She eased into a comfortable chair _____

III. **Le chassé-croisé partiel (ou incomplet)** : Nous avons déjà vu que la langue française ne *réclame* (*require*) pas toujours une image pour décrire le déplacement (cf. Chap. 3. section I, Vision concrète vs. vision abstraite). *Il arrive ainsi* (*It so happens*) que certaines situations sont assez claires pour *se passer d'* (*to do without*) un mot-image.

Exemple :
```
        1      2                              2
He   walked   over to the window.  -->  Il s'approcha de la fenêtre.
```

L'image du verbe *walk* est ici absente de la phrase française, la situation étant évidente : à l'intérieur d'une maison comment va-t-on à une fenêtre, *sinon* (*if not*) en marchant ? Pour un *esprit* (*mind*) français, une telle précision est *inutile* (*useless*), *presque* (*almost*) redondante ou tautologique. Mais si par exemple la personne est *blessée* (*injured*) et ne peut pas marcher, *il est alors temps* (*then it's time*) de préciser : **en rampant** (*crawling*).

Par contre, il est possible aussi de ne pas transposer, mais sous une certaine condition :

Exemples :
Il rampa **vers** *la fenêtre.* --> *He crawled* **over to** *the window.*   (mot à mot)
Il rampa **jusqu'à** *la fenêtre* --> *He crawled* **up to** *the window.* (mot à mot)

Dans ce cas, ce sont les prépositions **vers** et **jusqu'à** qui, par leur dynamisme *vectoriel* (*directional*) et en collaboration avec le verbe, expriment (*express*) le déplacement, la direction. Le verbe **ramper** (comme les verbes de sa catégorie : *marcher, voler, nager,* etc.) indique seulement, nous l'avons déjà vu plusieurs fois, la manière de *se déplacer* (*move*). Ces prépositions lui insufflent un nouveau dynamisme !

A. Traduisez en indiquant si le chassé-croisé est complet (C) ou partiel (P) :

1. Son professeur l'a persuadé d'envoyer sa demande. ( ) (to talk) _____

2. Le feu s'est éteint de lui-même. ( ) (to burn) _____

3. Le cycliste avançait lentement sur l'étroit chemin. ( ) _____

4. Le dimanche la famille digérait son repas en faisant une petite sieste. ( ) _____

5. Le cowboy monta sur son cheval et disparut dans le soleil couchant. ( ) _____

6. Cette compagnie s'exclut du marché par des prix trop élevés. ( ) ____

7. Il se mit au volant de sa voiture et partit. ( ) _____

8. Ne reste pas planté là ! Fais quelque chose ! ( ) _____

B. Traduisez en décidant s'il faut un chassé-croisé complet (C) ou partiel (P) :

1. You talked me out of it. ( ) (Is talking necessary?) _____
2. The roof was blown away by the tornado. ( ) (is blowing necessary?) _____
3. (selon la situation) I'll drive you home. ( ) _____
4. (by telephone from an airport) I am flying back via Denver. ( ) _____
5. He put on his coat and walked out. ( ) _____
6. We can't tell them apart. ( ) _____
7. He slipped off his swimsuit and into street clothes. ( ) _____
8. The road winded down to the village. ( ) _____
9. They fired off the rocket. ( ) _____
10. (in a car) Roll down your window ( ) _____
11. (on a door) Walk in. ( ) _____

Texte :

Traduisez les éléments soulignés :

Ce passage de Ray Bradbury[7], « August 2026: There Will Come Soft Rains », décrit une maison maintenant *inhabitée (emptied of its people)*, et dont les *appareils (appliances)* électroniques continuent à fonctionner après une explosion nucléaire, qui a éliminé la vie humaine. La « vie » est maintenant produite par les machines; les humains sont tous morts...

At eight-thirty the eggs were shriveled and the toast was like stone. An aluminum wedge <u>scraped them into the sink</u>, where hot water <u>whirled them down</u> a metal throat which digested and <u>flushed them away</u> to the distant sea.

5. La modulation : *Jusqu'ici (So far)*, nous avons examiné des procédés aptes *à résoudre (solve)* les problèmes de traduction au *niveau (level)* purement linguistique, c'est-à-dire en analysant le langage, les mots. Avec la *modulation,* nous pénétrons *au-delà de (beyond)* ce domaine,

---

7 Bradbury, Ray: "August 2026: There will come soft rains,", Collier's, May 6, 1950.

pour entrer dans celui de la **métalinguistique** (*meta* en grec signifie *after, beyond*). Nous sommes maintenant à un *stade* (*stage*) où l'analyse *va se faire* (*will proceed*) <u>au niveau des idées et des situations</u>. *Toujours* (*still*) face à des **réalités communes** aux deux langues, nous *ferons appel davantage à* (*we will rely more on*) nos conceptions, nos perspectives, nos attitudes, bref nos cultures respectives.

Une langue, *quelle qu'elle soit* (*whichever it may be*), ne présente jamais la **totalité** d'une réalité (un objet, un *être* (*a being*) ou une idée). Mais une langue a choisi, et *a retenu* (*has retained*) une <u>seule facette particulière</u> de cette réalité, *à l'exclusion de* (*excluding*) toutes les autres. Or, nous le savons, *toute* (*any*) réalité *comporte* (*contains*) une multiplicité de facettes, et il est rare que deux cultures *partagent* (*share*) une seule et même perspective, sauf dans le cas de peuples qui ont eu de multiples contacts au cours de leur histoire. Ces différences conceptuelles se manifestent au niveau de *simples* (*single*) mots : **a folder** (« *that which folds, closes* ») devient en français un **dépliant** (« *that which unfolds, opens.* ») ; *to wash your* **hair** --> *se laver la* **tête** (et non pas les cheveux: On disait autrefois « se laver la tête » (et non pas les cheveux). Mais aujourd'hui, sans doute sous l'influence de l'anglais, « se laver les cheveux" est entré dans la langue française. Et l'on pourrait ajouter ici beaucoup d'autres exemples, *sans jamais épuiser* (*without ever exhausting*) les différences conceptuelles qui distinguent les deux langues... *À plus forte raison* (*Even more so*), ce phénomène se produit au niveau des *unités de pensée* (*unités combinées*). Comparons ces deux expressions, où la traduction d'une langue à l'autre demande une **modulation** :

He *lost his life* in a car accident.
Il a *trouvé la mort* dans un accident de voiture.

C'est ainsi que chaque culture *perçoit* (*perceives*) cette ultime réalité, l'une *soulignant* (*stressing*) le caractère précieux de la vie, l'autre culture *mettant l'accent sur* (*emphasizing*) le caractère irrémédiable de la mort : la mort est là, on la trouve toujours, *tôt ou tard* (*sooner or later*) ! Cette différence de vision reflète donc deux attitudes distinctes face à une réalité commune. Il est essentiel de savoir que ces deux phrases correspondent exactement pour décrire la même situation.*

*<u>Note</u> : une traduction littérale, **perdre la vie** (to lose one's life), est possible, mais elle paraîtrait (would appear) métaphorique à un Français; elle constituerait <u>un calque d'expression</u>. Mais il n'est pas impossible qu'un jour (some day) cette expression soit acceptée et entre finalement dans les dictionnaires. En attendant (Meanwhile), elle reste légèrement poétique. Et pourtant, « perdre la vie » s'entend et se lit dans les médias en France aujourd'hui, montrant encore la grande vivacité des calques.

<u>EXERCICE</u>

Traduisez les expressions suivantes par une modulation, et en expliquant la nature du changement de perspective conceptuelle.
Une modulation peut quelquefois *entraîner* (*involve, trigger*), en même temps, une transposition. (Cherchez-en d'autres à proposer en classe !)

A.
1. une lampe de poche _____
2. un pompier _____
3. C'est à trois rues d'ici. (surface --> volume) _____
4. étendre le linge (direction of movement?) _____
5. la porte d'entrée _____
6. les pieds de la table _____
7. un livre de classe _____
8. I miss you. (perspective?) _____
9. Il a coupé les ponts. _____
10. une bière à la pression _____
11. J'ai perdu la main. _____

B.
1. a rocking chair (use or built part?) _____
2. wall paper (place or make?) _____
3. an inner tube _____
4. firewood _____
5. Look through the key hole. _____
6. What flavor? (of ice cream) _____

7. a police record _____
8. Careful, wet paint! _____
9. She got off the train. _____
10. to tackle a problem _____
11. Drop me a line. (double modulation) _____
12. French toast _____
13. Lets have a drink. (content or container?) _____
14. a ten-mile run _____

6. L'équivalence : Lorsqu'une expression à traduire *semble (seems)* former, <u>par la nature du contexte où elle est employée</u>, une unité *cohésive (tightly-knit)*, indivisible, et souvent métaphorique, il y a des chances que ce soit une expression idiomatique,* et qu'une *équivalence* soit nécessaire. *De telles (Such)* expressions, qu'il est **impossible de découper en plus petites parties** (*cut up into smaller parts*), comme c'est le cas pour les transpositions et les modulations, ces expressions sont à **traduire en bloc** (*to be translated as a whole*). Et dans *la plupart des cas* (*most cases*), les images et le vocabulaire de la LA seront <u>**complètement différents**</u> de ceux de la LD.

<u>Note</u> : expression idiomatique : (définition de Wikipedia) Expression particulière à une langue et qui n'a pas nécessairement d'équivalent littéral dans d'autres langues.

Face à ces expressions, la méthode consiste à *se distancer de* (*turn away from*) l'expression de la LD, pour mentalement *n'en retenir que* (*retain, keep only*) l'idée abstraite ; et à se demander alors **comment <u>dans la même situation</u>** *on dirait cela* (*one would say it*) **dans la LA**. On voit donc que la solution dépend d'une analyse, non pas des mots, mais de **l'idée** et de **la situation**. *Il y a donc des chances* (*Chances are*) que les éléments employés seront **totalement différents d'une langue à l'autre**. Les équivalences sont nombreuses dans les clichés de la langue *familière* (*colloquial*), les proverbes, les *dictons* (*sayings*), les comparaisons imagées, les exclamations, etc.

<u>Exemples</u> :
You don't say! --> Pas possible !

It rings a bell! --> *Cela me dit quelque chose !*
Je me fais du mauvais sang. --> *I am worried to death.*
À table ! --> *Come and get it!*
Mettre du beurre dans les épinards. --> *To add a little extra to the kitty.*

EXERCICE

Traduisez les expressions idiomatiques suivantes par des équivalences : (Il n'est pas toujours facile de distinguer entre modulation et équivalence)

A.
1. Il a brûlé un feu rouge. (traffic) _____
2. (panneau routier) Chaussée glissante (after the rain of course) _____
3. (une punition) Il ne l'a pas volée ! (deserved) _____
4. (peur) Il était moins une ! (minus one second!) _____
5. (situation) Nous sommes logés à la même enseigne ! _____
6. (ressemblance de personnes) comme deux gouttes d'eau.
   _____
7. arriver comme un chien dans un jeu de quilles (why not a bull?)
   _____
8. (sur une porte) Entrez sans frapper. _____
9. Propriété privée : défense d'entrer ! _____
10. Il parle à tort et à travers. _____
11. J'en ai vu trente-six chandelles ! (ouch!) _____
12. (exaspération) C'est le bouquet ! _____
13. (dans une boutique) Et avec ça, Madame ? _____
14. C'est elle qui fait bouillir la marmite. (try food also?)_____
15. (une guerre) C'était en 14-18 . _____
16. Ça a marché comme sur des roulettes. _____
17. Il est tombé dans les pommes. _____

B.
1. the U.S. Civil War _____

2. Bastille Day _____
3. It cost me an arm and a leg! (Try other parts!) _____
4. Sunny side up, please. _____
5. (a cold drink) It hits the spot! _____
6. Don't beat around the bush. _____
7. (road sign) Do not enter. _____
8. (road sign) Do not litter. _____
9. (metaphoric) It's whole different ball game. _____
10. She gave him a taste of his own medicine. _____
11. Big deal! _____
12. a chip off the old block _____
13. I'll give him a piece of my mind! _____
14. To put the cart before the horse (another animal, another implement)
    _____

15. Slow, men at work! _____
    (sur la route, la virgule est parfois absente !)

Textes :
(suite des exercices précédents)

S'il y a un domaine riche en équivalences, c'est celui des maximes et des *dictons* (*traditional sayings*). Ces expressions imagées traditionnelles (le plus souvent sans auteur précis) s'emploient habituellement dans la langue parlée, *familière* (*colloquial*) :
Exemple : « ***That's a horse of a different color.*** » --> « ***C'est une autre paire de manches*** ».
<u>Un conseil</u> : l'internet est une ressource excellente pour trouver ces équivalences : tapez l'expression dans Google, suivie du mot *traduction ou translation* : *It's easy as pie!* --> *C'est simple comme bonjour* !

Traduisez en préservant le caractère imagé de ces expressions :

Un tiens vaut mieux que deux tu l'auras. _____
Rien ne sert de courir, il faut partir à point. _____

À la guerre comme à la guerre ! _____

C'est au pied du mur qu'on voit le maçon. _____

C'est en forgeant qu'on devient forgeron. _____

Comme on fait son lit, on se couche ! _____

Il n'y a que la vérité qui blesse. _____

Mieux vaut prévenir que guérir. _____

Il ne faut pas réveiller le chien qui dort. _____

La curiosité est un vilain défaut. _____

Il a mis les pieds dans le plat. _____

Two wrongs don't make a right. _____

The squeaky wheel gets the grease. _____

Birds of a feather flock together. _____

There is no such thing as a free lunch. _____

The end justifies the means. _____

The early bird catches the worm. _____

Too many cooks spoil the broth. _____

Easy come easy go. _____

Clothes don't make the man. _____

Out of sight out of mind. _____

Un autre domaine où *abondent* (*abound*) les équivalences est celui, non seulement des *dictons* (*sayings*) de la langue *familière* (*colloquial*), mais aussi des expressions exclamatives : (il peut y avoir pour chaque expression ci-dessous plusieurs solutions).

Exemple : *You can say that again!* --> *À qui le dis-tu* !
You don't say! --> *Sans blague* !
Pas possible !

Out of the question! _____

(Response to "Thank you") Don't mention it. _____

You've got to be kidding! _____

You are pulling my leg! _____

Over my dead body! _____
Back to the drawing board. _____
The ball is in your court. _____
It gets on my nerves. _____
He casts a long shadow. _____
But she calls the shots. _____
It rains cats and dogs. _____
No sweat! _____
Avoir le beurre et l'argent du beurre _____
Il faut appeler un chat un chat. _____
Tu vois le tableau ! _____
Il fait plus de bruit que de mal. _____
Il faut prendre le coup de main. _____
Il ne faut pas juger trop vite. (sauter ?) _____
Minute, papillon ! (où il est question de cheval) _____
C'est la goutte d'eau qui fait déborder le vase. _____
C'est l'hôpital qui se moque de la charité. _____
Allez voir ailleurs si j'y suis ! _____
J'ai perdu la main. _____

7. L'adaptation : L'expression métaphorique (imagée) est une *constante* (*permanent feature*) du langage, non seulement en poésie, mais aussi dans la prose la plus *quotidienne* (*daily, common*), la plus utilitaire. *Quelles qu'en soient les raisons* (*For whichever reasons*), psychologiques ou philosophiques, ce phénomène est trop fréquent pour le *négliger* (*neglect, ignore*), car il présente dans la traduction un obstacle sérieux. *On a pu* (*We could*) observer dans les exercices précédents de multiples exemples où **une réalité commune** était *conçue* (*conceived*) dans des perspectives distinctes, et se présentait ainsi pour chaque langue dans des *champs sémantiques* (*vocabulary fields or themes*) différents, *réclamant* (*requiring*) une modulation ou une équivalence.

Exemple :
Nous sommes logés à la même enseigne. (thème de l'hôtellerie) -->

We are in the same boat. (thème du voyage maritime)

Il arrive (*It happens*) aussi que la réalité exprimée dans une des deux langues *n'existe pas dans l'autre, ou a une signification totalement différente.* Il faut alors trouver une solution **parallèle**, qui **s'adapte** à l'autre culture. On pense par exemple aux termes du baseball ou du football américain, souvent *appliqués* (*applied to*) métaphoriquement à d'autres situations non-sportives (ex. *to tackle a problem*). Or ces images sportives n'ont pas d'équivalents en français, puisque ces sports ne sont pas, ou sont peu, pratiqués en France (même si au Québec on les pratique). Pour un public de Français, il faut alors **adapter** ! On n'a pas le choix !

Exemples :
1) *We kicked off the program.* (terme de football indiquant un début)
--> *Nous avons lancé le programme.* (comme on **lance** une fusée)
--> *Nous avons inauguré le programme.*

2) *With his short story, he hit a home run.* (terme de baseball indiquant un immense succès).
--> *Il a fait mouche* (terme de tir [*shooting*] : arc [*bow*], pistolet)
--> *Il a réussi un coup de maître.* (indique un grand succès)
--> *Il a fait un carton.* (autre image de tir, celle d'une *cible* [*target*])

EXERCICE

Traduisez les expressions suivantes : Face à des situations inexistantes dans l'une ou l'autre des deux cultures, *il vous faudra* (*You will have to*) : 1) en déterminer le caractère culturel ; 2) évaluer sa nature et sa fonction dans le contexte de la LD ; et enfin 3) trouver une façon de transférer sa *signification* (*meaning and significance*) dans la LA.

Exemple :
The card indicated : « *Season's greetings!* »
(Noël et le 1er janvier ne sont pas une saison en France. Et les Français présentent leur *vœux* (*wishes*) le 1er janvier *plutôt qu'* (*rather than*) à Noël. Il faut donc adapter :

Côte à Côte

Par exemple :
--> *La carte indiquait* : « ***Meilleurs vœux pour la nouvelle année** !* »
« ***Bonne et heureuse année**!* »

A.
1. (à Paris) Il habite dans le 16ème arrondissement. (socio-economical level) _____
2. (à la porte d'une boutique) Entrée libre _____
3. Ce jour-là, il régnait une ambiance de 14 juillet. _____
4. Pour moi, ce poème surréaliste, c'est de l'hébreu _____
5. Ils habitent dans un faubourg au nord de Paris. (same as 1. above) _____
6. Le 2 janvier, j'ai donné ses étrennes au facteur. _____
7. N'oubliez pas de composter votre billet de train. _____
8. Vous n'êtes pas un peu de Marseille ?! (reputation) _____
9. (à la porte d'un magasin) Fermeture annuelle, du 2 au 30 août _____
10. Je crois que j'ai une crise de foie ! _____
11. La France maintient une politique de décentralisation. _____
12. Comme ils sont allés à l'école ensemble, ils se tutoient. _____
13. Une partie de pétanque, avec un petit verre de pastis, ça va très bien ensemble ! (which province?) _____
14. Il est presque 20 heures. C'est l'heure de l'apéro _____

B.
1. This restaurant serves the best home cooking in town. (tempting the French with a restaurant?) _____
2. Come and have Sunday dinner with us. (at what time of day?) _____
3. I am taking Professor Smith's English 101. _____
4. Have you received your social security check? (watch out for faux-ami?) _____

5. What did you order as an entrée? (what is an entrée in France?)
   _____
6. Can you weigh for me a 6-oz steak, please? _____
7. Are you a college student? _____
8. Please give me a room on the first floor. _____
9. Returning home, he gave his daughter a little kiss on the mouth.
   _____
10. Bring back a half-gallon of milk. _____
11. He wears size 9 1/2 shoes. _____
12. Who won the World Series this year? _____

<u>Texte</u> :

Traduisez les éléments soulignés *:*

Ray Bradbury, avec ses thèmes futuristes, invente un vocabulaire nouveau dont les « réalités » *sont encore inexistantes* (do not yet exist) ! Il faut donc que traducteur ou traductrice adapte, invente aussi comme l'écrivain de nouvelles expressions. « August 2026 » nous en présente plusieurs :

In the living room <u>the voice clock</u> sang... The <u>morning house</u> lay empty... In the kitchen the <u>breakfast stove</u> gave a hissing sigh... Somewhere in the walls, relays clicked, <u>memory tapes</u> glided under electric eyes... <u>The weather box</u> on the front door sang quietly... Out of the warrens in the walls, <u>tiny robot mice</u> darted... The rooms were acrawl with the small cleaning animals, all rubber and metal.

TROISIEME PARTIE

CHAPITRE 9

L'articulation du discours

Il nous reste (*There remains*) à présent à explorer un domaine important, que nous avons *à peine abordé* (*barely touched upon*) dans les pages précédentes, et qui concerne la composition en général, *y compris* (*included*) la traduction : c'est celui de l'***articulation du discours***, de la *liaison* (*the connecting*) des groupes de mots, des *propositions* (*clauses*), des *phrases* (*sentences*) et même des paragraphes, qui *s'enchaînent* (*are linked*) les uns aux autres, pour renforcer l'unité et la cohérence du message.

I. Les connecteurs :

Pour qu'un message soit cohérent, pour qu'il *ait du sens* (*make sense*) pour ceux qui le reçoivent, il ne suffit pas toujours de placer les éléments qui le composent les uns après les autres, dans l'ordre *où* (*in which*) les idées nous viennent à l'esprit. Car dans l'organisation d'un message, les idées sont aussi déterminées par d'autres facteurs de caractère rationnel ou *affectif* (*emotional*), *qui s'y ajoutent* (*added to it*) : cause, conséquence, temps, lieu, comparaison, opposition, objection, mise en relief (*emphasis*), hypothèse, etc. Or ces opérations mentales, qui établissent de multiples *rapports* (*relations*) entre les segments du texte, modifient souvent l'ordre chronologique. Ces segments peuvent ainsi être *inversés* (*reversed, inverted*) dans **un ordre d'importance**. Ils peuvent aussi être **accompagnés de *connecteurs*** (*connecting words*), qui ont pour fonction de *lier* (*to tie*), et aussi de *signaler* (*point to*) la nature de cette liaison. Le français et l'anglais possèdent chacun plusieurs *centaines* (*hundreds*) de ces *connecteurs*. La plupart ***entrent dans*** (*fall*

133

into, pertain to) les catégories suivantes : <u>adverbes</u> (*cependant, pourtant, en effet, au contraire, certes*, etc.) ; <u>conjonctions</u> (*et, mais, car, pour que, afin que, à moins que, pendant que*, etc.) ; et <u>prépositions</u> (*pour, avant de, afin de, de peur de, loin de*, etc.). En fait, si vous ne l'avez *pas encore* (*not yet*) remarqué, le paragraphe que vous êtes *en train de lire* (*in the process of reading*) en *ce moment même* (*this very moment*) contient un certain nombre de ces connecteurs !

Or, il apparaît que la prose française se distingue par un emploi souvent plus fréquent de ces connecteurs que la prose anglaise, peut-être surtout la prose américaine, en particulier dans le style journalistique. Il est donc utile de *tenir compte de* (*take into account*) cette différence d'articulation dans le processus de traduction.

Examinons, *à titre d'* (*by way of*) exemple, un paragraphe *tiré d'* (*from*) un essai de l'écrivain franco-américain Julien Green[8], <u>Le langage et son double</u>. À *des fins* (*With an aim of*) démonstratives, nous avons « vidé » (*emptied... of*) ce paragraphe de ses connecteurs, *tout en gardant intact* (*while keeping unchanged*) le reste du texte. Nous *rétablirons ensuite* (*shall then restore*) ce texte, tel que Julien Green l'a écrit, afin d'en analyser les effets.*

<u>Note</u> : l'écrivain Julien Green (1900-1998), né de parents américains, grandit (grew up) à Paris, où il devint parfaitement bilingue. Ses nombreux écrits (writings) sont soit en français, soit en anglais. Étant donné qu'il pratiquait lui-même la traduction, il était particulièrement apte à sentir les différences culturelles entre les deux langues, et il en a discuté longuement (at length) dans cet intéressant essai, <u>Le langage et son double</u>, Paris: Seuil, 1997.

<u>Voici le texte « vidé » (*emptied*) de la plupart de ses connecteurs</u> :

« Le langage fait partie de nous-mêmes. Il faut des circonstances exceptionnelles **pour** nous en rendre compte. Nous partageons évidemment cette propriété avec des millions d'autres individus. C'est une part essentielle de notre personne. Presque toute forme de processus mental s'arrêterait dans notre cerveau **si** elle nous était complètement enlevée, d'une façon inconcevable ».

8   Green, Julien: Le langage et son double, Seuil, 1997.

On peut observer :
1) idées juxtaposées, ordre presque totalement chronologique ;
2) absence de *rapports* (*relations*) entre les idées ;
3) texte *sec* (*dry*), affectivement *pauvre* (*poor*) ; cohérence interne vague ; absence de l'attitude de l'auteur *envers* (*towards*) ses idées.

<u>*Rétablissons* (*Let's restore*) *à présent le texte d'origine, avec ses connecteurs*</u> :

« *Le langage fait* <u>**à ce point**</u> *partie de nous-mêmes,* <u>**qu'**</u>*il nous faut des circonstances exceptionnelles* <u>**pour**</u> *nous en rendre compte.* <u>**Il est évident que** *cette propriété*</u>*, nous* <u>**la**</u> *partageons avec des millions d'autres individus.* <u>**Mais**</u> *c'est une part* <u>**si**</u> *essentielle de notre personne* <u>**que**</u> *presque toute forme de processus mental s'arrêterait dans notre cerveau* <u>**si**</u>*,* <u>***d'une façon inconcevable*** **encore**</u>*, elle nous était complètement enlevée* ».

On *remarque* (*notice*) immédiatement que l'auteur a jugé important d'établir certains *rapports* (*relations*) entre les idées pour guider, peut-être influencer la progression de notre *lecture* (*reading*), et sans doute aussi pour *dévoiler* (*unveil*) son point de vue personnel *par rapport aux* (*in connexion with*) idées qu'il exprime :

1) *à ce point... que* = degré, intensité et conséquence
2) *pour* = idée de *but* (*purpose*)
3) **Il est évident que** = *mise en relief* (*emphasis*) pour insister sur le caractère factuel de l'idée
4) c*ette propriété... la* = mise en relief de *propriété* par inversion et répétition par le pronom la
5) *mais* = contraste dans un paradoxe : *unité* (*unity, blending*) de l'individualité et de la généralité, qui souvent s'opposent
6) *si... que* = degré, intensité et conséquence
7) *si* = hypothèse, supposition
8) *d'une façon inconcevable* = mise en relief par inversion syntaxique de cette expression
9) *encore* = *rappel* (*recall*) d'une autre situation précédente : le paradoxe ci-dessus.

L'impression générale qui *se dégage* (*emerges*) de ce second texte est la touche personnelle de son auteur, qui semble *conscient* (*aware*) de la présence du lecteur, ainsi que son *souci de* (*concern for*) cohésion et d'unité.

Textes :

1. Analysez l'articulation du discours dans le texte suivant, soulignez-en les connecteurs ; puis traduisez ce texte de Voltaire[9] en anglais :

Dans cet extrait de <u>Candide</u>, Voltaire présente un premier portait du « philosophe » Pangloss, pour montrer le ridicule de sa théorie sur la causalité. Quel rôle les connecteurs jouent-ils dans cette perspective ? Certaines inversions et répétitions peuvent jouer un rôle d'articulation... Lesquelles ?

« *Pangloss enseignait la métaphysico-théologo-cosmolonigologie. Il prouvait admirablement qu'il n'y a point d'effet sans cause, et que, dans ce meilleur des mondes possibles, le château de monseigneur le baron était le plus beau des châteaux et madame la meilleure des baronnes possibles* ».

« *Il est démontré, disait-il, que les choses ne peuvent être autrement : car, tout étant fait pour une fin, tout est nécessairement pour la meilleure fin. Remarquez bien que les nez ont été faits pour porter des lunettes, aussi avons-nous des lunettes. Les jambes sont visiblement instituées pour être chaussées, et nous avons des chausses. Les pierres ont été formées pour être taillées, et pour en faire des châteaux, aussi monseigneur a un très beau château ; le plus grand baron de la province doit être le mieux logé ; et les cochons étant faits pour être mangés, nous mangeons du porc toute l'année : par conséquent, ceux qui ont avancé que tout est bien ont dit une sottise ; il fallait dire que tout est au mieux* ».

2. Traduire le texte suivant, en employant les connecteurs de la liste suivante : *et, à savoir ce que, et pourtant, car, ce que, car il n'existe ni... ni, par, et, et même, mais, si, ainsi que, mais que, et c'est pourquoi, plus... que, ou même, servir <u>de</u>, comme, en tant que.*

---

9   Voltaire: Candide, ou l'optimisme, 1759.

(Extrait de E.M. Foster[10], Aspects of the novel, Harcourt, 1955).

This is perhaps a roundabout way of saying what every British schoolboy knew, that the historian records whereas the novelist must create. Still, it is a profitable roundabout, for it brings out the fundamental difference between people in daily life and people in books. In daily life we never understand each other,* neither complete clairvoyance nor complete confessional exists. We know each other approximately, by external signs, and these serve well enough as a basis for society** and even for intimacy. But people in a novel can be understood completely by the reader, if the novelist wishes.*** Their inner**** as well as their outer life can be exposed. And this is why they often seem more definite than characters***** in history, or even our own friends...

<u>Aide à la traduction</u> : * add: having = *n'ayant*; ** add : life in = *la vie en* ; *** add : wishes (it, so) = <u>*le*</u> *veut* ; ****construction : their inner <u>life</u> as well as their outer life = leur <u>*vie*</u> *intérieure... vie extérieure* ; ***** character: attention au faux-ami !

II. <u>Coordination et subordination</u> :

En général, le français et l'anglais organisent un texte de façon *semblable (similar)*, reliant les propositions et les phrases *selon (according to)* plusieurs stratégies principales : la *juxtaposition, la coordination et la subordination*. La juxtaposition *va de soi (is self-evident)*. Le plus souvent, (comme on l'a vu au paragraphe I. de ce chapitre), on *coordonne* et on *subordonne* avec des *connecteurs*. La coordination relie deux éléments en *leur accordant (granting them)* une importance *égale (equal, same)*, *tandis que (whereas)* la subordination présente un des éléments *comme étant accessoire à (as incidental, dependent on)* l'autre élément, donc <u>secondaire en importance</u>.

Or l'anglais semble *marquer* (show) une préférence pour la juxtaposition et la coordination, ce qui *cadre bien avec (is consistent with)* sa vision chronologique et concrète de l'action. De son côté, le français semble avoir une prédilection pour la subordination, qui tend *à privilégier (favor)*, dans la présentation des *faits (occurences)*, un ordre

---
10   Foster, E.M.: Aspects of the novel, Harcourt, 1955.

d'importance, une vision *plus globale* (*more inclusive*) : ie. *the forest for the trees*. Ceci peut parfois *amener* (*lead*) le texte français à disloquer, à inverser l'ordre des *propositions* (*clauses*).

Exemples :
He <u>paid</u> the check, <u>put on</u> his coat, <u>walked out</u> of the restaurant **and** <u>drove off</u> in a taxi.
(Trois juxtapositions et une coordination, par la conjonction **and**)

*Après <u>avoir payé</u> l'addition et <u>mis</u> son pardessus, il <u>sortit</u> du restaurant **pour** partir en taxi.*
(Une proposition principale, trois subordinations. **Sortit** *est le verbe principal ; les trois autres verbes dépendent de lui, sortes de « satellites » du verbe principal. La préposition **pour** ne marque pas dans ce contexte une intention, mais une <u>conséquence, un résultat</u>* : --> *to finally drive off.*

Les constructions des deux phrases *ci-dessus* (*above*) ne sont pas strictement obligatoires, mais *restent* (*remain*) une tendance conceptuelle *de part et d'autre* (*on both sides*) des deux langues.

EXERCICES

Traduire les brefs textes suivants en employant, si nécessaire, une articulation plus conforme à la syntaxe anglaise ou française, *selon le cas* (*accordingly*) :

A.
1. Le public comprend à présent un grand nombre de gens instruits qui, sachant qu'il existe de plus vastes horizons, aspirent à les atteindre.

2. Garant la voiture, ils prirent le chemin qui menait à la forêt, pour disparaître complètement à notre vue.

3. Vieux pays européen, secoué par de multiples invasions, carrefour de l'Europe occidentale peuplé par de multiples immigrants, creuset de cultures diverses et d'influences parfois antagonistes, la France est certainement le pays le plus varié d'Europe à la fois du point de vue des

paysages, du peuplement et des composantes de la civilisation. (*You may wish to cut up this long sentence into several parts!*)

4. À partir de la base algérienne, de la colonie du Sénégal et de comptoirs sur les côtes du Golfe de Guinée, la France, comme un siècle et demi plus tôt en Amérique du Nord, parvint à devancer ses concurrents.

5. Sertie sur cinq côtés par des montagnes et des mers, il a suffi à la France d'atteindre ces cinq frontières naturelles pour réaliser son unité géographique.

6. La montagne a été pour nous une arène naturelle, où, jouant aux frontières de la vie et de la mort, nous avons trouvé notre liberté qu'obscurément nous recherchions et dont nous avions besoin comme de pain. (Maurice Herzog[11], Annapurna)

B.
1. She spent long years writing her thesis, and finally defended it.

2. The impressionists believed in, but never were rewarded for their art.

3. He was asleep in a short time and he dreamed of Africa when he was a boy and the long golden beaches and the white beaches, so white they hurt your eyes, and the high capes and the great brown mountains. (E. Hemingway, The old man and the sea)

4. Western man uses only a small fraction of his mental capabilities; there are many different and legitimate ways of thinking; we in the West value one of these ways above all others-- the one we call "logic," a linear system that has been with us since Socrates. (Edward T. Hall[12], Beyond Culture)

---
11   Herzog, Maurice: Annapurna, Editions Arthaud, 1951.
12   Hall, Edward T.: Beyond culture, Anchor Books Editions, 1976.

C. Le zeugme : C'est le cas d'une construction où deux verbes *suivis de (followed by)* prépositions différentes *partagent (share)* le même complément. Cette construction est impossible en français. Il faut donc modifier la syntaxe ainsi :

<u>Exemple</u> :
I am interested in, and wish to apply for one of your scholarships.
Je m'intéresse à une de vos **bourses**, *et j'aimerais* **en** *faire la demande.**

(*Notez la répétition du complément par un pronom qui s'accorde [agrees] avec le second verbe faire la demande <u>de</u> --> en).

Traduire les phrases suivantes en employant la construction française :
1. I will look for, and be satisfied with a modest job. _____
2. I was interested in, although I had no special ability for chemistry. _____
3. I am longing for, and greatly need a long vacation. _____
4. He was fascinated by, but feared firearms. _____
5. I am afraid of, and at the same time attracted by the sea. _____
6. He entered and got out of the house rapidly. _____
7. We often aim at, and seldom completely reach our goals. _____
8. I looked into, and finally adopted this course of action. _____
9. Teach and bring up children to respect others. _____
10. I trust in, and depend on your wisdom. _____

CHAPITRE 10

Les niveaux de langue

La tonalité du message :

Un message est toujours *destiné à* (*directed to*) un public particulier et selon une certaine situation. Ces deux facteurs conditionnent des choix *parmi* (*among*) toutes les ressources offertes par la langue, *à savoir* (*namely*) le vocabulaire et les structures grammaticales et syntaxiques. On ne parle pas en effet de la même manière, *selon qu'* (*depending on whether*) on s'adresse à un enfant, un ami, un supérieur, le président de la république… On n'emploie pas le même style selon qu'on écrit une lettre, une note, un tweet, à sa meilleure amie, ou bien un essai critique sur son roman favori pour son cours de littérature. Selon les circonstances, un message peut donc s'*exprimer* (*be expressed*) à divers *niveaux* (*levels*), appelés aussi des **registres** : le registre *soutenu* (*formal*), souvent littéraire ; le registre *courant* (*neutral, standard*); le registre *familier* (*colloquial*) ; et même le registre vulgaire (que nous ne toucherons pas ici !). Il existe en outre un registre externe, mais parallèle à la langue française et utilisant son vocabulaire (mais modifié), et sa syntaxe : il s'agit là d'une sorte de langage « parasite » : c'est le registre *argotique*, autrement dit *l'argot* (*slang*).*

Exemples :
Registre soutenu :
I am unaware of the circumstances that created this crisis.
J'ignore les circonstances qui ont provoqué cette crise.
Registre courant :
I do not know what caused the problem.
Je ne sais pas ce qui a causé ce problème.

Registre familier :
I have no clue of what went wrong.
J'sais pas c'qui a mal tourné.
Registre argotique :
Donno why it went to pot.
J'sais pas pourquoi ça a tourné en sucette.

Quelles sont les différences ?
Registre soutenu : vocabulaire plus précis et *recherché* (*elegant*), moins fréquent ; respect absolu des normes linguistiques établies ; *vise* (*aims at*) un public *cultivé* (*educated*) et possédant un bon niveau d'instruction et de goût.

Exemple :
*Nous avons fait dans cet **établissement** un **dîner succulent**.*

*Note : l'argot français était à l'origine une langue à part, en marge de (at the margin of) la langue française officielle, mais utilisant sa syntaxe. C'était un dialecte secret, né au Moyen-Âge dans les milieux du bas-peuple (lowest class) de Paris et qui avait pour objectif de tromper (deceive) la police. L'argot contemporain, qui a évolué depuis cette époque, a conservé son caractère hermétique (abstruse, incomprehensible) par un vocabulaire métaphorique de mots en apparence (apparently) français, mais dont il faut apprendre la nouvelle signification, comme s'il s'agissait (as if we dealt with) d'une autre langue !

Registre courant : vocabulaire plus fréquent, et normes linguistiques le plus souvent respectées. Le style est neutre, sans grande expressivité. Le message s'adresse à tout le monde, à *n'importe qui* (*just anybody*) :

Exemple :
*Nous avons **bien mangé** dans ce **restaurant**.*

Registre familier : vocabulaire assez vague ou général, mais parfois imagé ; grammaire et syntaxe très approximatives ; contractions fréquentes (imitant la prononciation rapide) ; répétitions et périphrases ; exclamations imitant la langue parlée ; abréviations.

Exemple :
*On a **pas mal bouffé** dans ce resto.*
De ces trois registres, une personne en possède au moins deux dans sa langue maternelle. En général, une personne cultivée connaît les trois niveaux, même si elle emploie peu, ou pas du tout, le niveau familier ou argotique. *Par ailleurs* (*Moreover*), les limites entre ces niveaux ne sont pas parfaitements définies, chaque personne exerçant un certain degré de subjectivité et son style personnel.

EXERCICES

I. Ces trois phrases ont le même sens, mais à des niveaux différents de tonalité. Traduisez-les en préservant le même niveau de langue en anglais.

Exemples :
*Nous nous sommes **bien divertis** hier soir --> We really **enjoyed ourselves** last night.*
*On s'est **bien amusés** hier soir. --> We **had lots of fun** last night.*
*On a **bien rigolé** hier soir. --> We **had a ball** last night.*

1. On lui a dérobé son portefeuille. _____
   On lui a volé son portefeuille. _____
   On lui a piqué son portefeuille. _____

2. Cet individu est dément ! _____
   Cet homme est fou ! _____
   Ce type est dingue ! _____

3. C'était une femme géniale. _____
   C'était une femme intelligente. _____
   C'était une femme fortiche. _____

4. Il est très loquace. _____
   Il est très bavard. _____
   Il n'a pas la langue dans sa poche. _____

5. Il est toujours très affairé ! _____
   Il est toujours très occupé ! _____
   Il est toujours à fond ! _____

6. Vous avez énormément œuvré. _____
   Vous avez beaucoup travaillé. _____
   Vous avez sacrément bossé. _____

7. Il a une prodigieuse vitalité. _____
   Il a une grande énergie. _____
   Il a du punch à revendre. _____

8. Ce paysage est d'une splendeur sublime ! _____
   Ce paysage est très beau ! _____
   C'est un paysage très chouette ! _____

9. Si vous continuez, vous allez vous faire réprimander. _____
   Si vous continuez, vous allez vous faire gronder. _____
   Si tu continues, tu vas te faire engueuler. _____

10. Il ne cesse de se méprendre. _____
    Il n'arrête pas de se tromper. _____
    Il se goure tout le temps. _____

11. Il existe des personnes qui manquent de miséricorde. _____
    Il y a des gens qui n'ont pas de compassion. _____
    Y en a qui se fichent pas mal des autres. _____

II. Indiquez et expliquez à quel registre appartiennent les phrases suivantes : (S) pour soutenu ; (C) pour courant ; et (F) pour familier. Puis traduisez-les.

Côte à Côte

A.
1. J'en ai marre de toujours bosser. ( ) _____
2. Elle n'est pas encore éveillée, que je sache. ( ) _____
3. Il roule dans une super bagnole / tire. ( ) _____
4. Elle réside dans une somptueuse demeure. ( ) _____
5. Verse-moi donc un verre de ce petit vin blanc. ( ) _____
6. T'es pas un peu dingue, non ?! ( ) _____
7. Ce soir-là, il était clair qu'il était pris de boisson ( ) _____
8. Oui, il avait un coup dans l'aile. ( ) _____
9. Il est à craindre que la crise actuelle s'éternise. ( )_____
10. Avec l'âge, il prendra un peu de plomb dans la tête. ( ) _____
11. La météo annonce des orages pour demain. ( ) _____
12. Oui, il va sans doute faire un temps de chien ! ( ) _____
13. Fais pas de vagues et t'auras pas d'emmerde. ( ) _____
14. Ayez l'obligeance de m'annoncer à Monsieur le Directeur. ( ) _____
15. Vous faites pas de bile, j'vais pas encore crever. ( ) _____
16. Où en êtes-vous dans vos études ? ( ) _____

B.
1. Could you tell me what time it is? ( ) _____
2. They ain't coming to the party tonight. ( ) _____
3. Would you be so kind as to help us? ( ) _____
4. Let's get the hell out of here! ( ) _____
5. Should I have known, I would not have adhered to their decision.   ( ) _____
6. If I had known, I would not have approved of their decision ( ) _____
7. I'm gonna take a week off. ( ) _____
8. I plan to take a long vacation. ( ) _____
9. I contemplate granting myself a fine vacation. ( ) _____

Jacques Bourgeacq

III. Le texte qui suit est un extrait de <u>Voyage au bout de la nuit</u>, roman de Louis-Ferdinand Céline[13].

Le personnage-narrateur, Ferdinand Bardamu, est un anarchiste, anti-militariste, qui présente sa propre histoire dans un style parlé, familier et parfois même argotique. Dans le passage suivant, Bardamu raconte l'épisode de sa *jeunesse (youth)* où il s'est engagé dans l'armée comme « volontaire » pour partir à la guerre : pendant un *défilé (parade)* de soldats, il *s'est laissé piéger (let himself be tricked)* par l'attitude ultra-patriotique de la *foule (crowd)*. Avec quelques autres jeunes naïfs, Bardamu a suivi le régiment jusqu'à *la caserne (the barraks)*...

Alors on a marché longtemps. Y en avait plus qu'il y en avait encore des rues, et puis dedans des civils et leurs femmes qui nous poussaient des encouragements, et qui lançaient des fleurs, des terrasses, devant les gares, des pleines églises. Il y en avait des patriotes ! Et puis il s'est mis à y en avoir moins des patriotes... Le pluie est tombée, et puis encore de moins en moins et puis plus du tout d'encouragements, plus un seul sur la route.

Nous n'étions donc plus rien qu'entre nous ? Les uns derrière les autres ? La musique s'est arrêtée. « En résumé, que je me suis dit alors, quand j'ai vu comment ça tournait, c'est plus drôle ! C'est tout à recommencer ! » J'allais m'en aller. Mais trop tard ! Ils avaient refermé la porte en douce derrière nous les civils. On était faits, comme des rats.

Afin d'indentifier dans ce texte les éléments du registre familier, transformons-le au registre *courant (neutre, standard)*. **Après avoir comparé les deux versions, soulignez les éléments du registre familier dans le texte original, en indiquant la nature de ce niveau de langue : pour chaque élément, le ton vient-il du vocabulaire ou de la syntaxe ? ou des deux ?**

Alors nous avons marché longtemps. Lorsqu'on pensait qu'il ne restait plus de rues, il en venait d'autres. Et dans ces rues il y avait des civils avec leurs femmes qui nous criaient des paroles d'encouragement et qui nous lançaient des fleurs du haut des terrasses, des gares et des églises pleines de monde. Il y avait beaucoup de patriotes ! Et bientôt il y a eu moins de

---
13   Céline, L. F.: Voyage au bout de la nuit, Gallimard, 1932.

patriotes... Il a commencé à pleuvoir ; alors on a entendu moins d'encouragements, et enfin il n'y en a plus eu du tout, plus un seul sur la route.

Nous n'étions donc plus qu'entre nous, les uns derrière les autres. Puis la musique s'est arrêtée. « En résumé, me suis-je dit alors, quand j'ai vu comment la situation avait changé, ce n'est plus amusant du tout ! Retournons au départ ! » Et j'allais faire demi-tour, mais il était trop tard! Ils avaient refermé le portail en cachette derrière nous, les civils. Nous étions alors pris au piège.

Et enfin, traduisez le texte original de Céline, en essayant de créer dans la version anglaise un style familier.

Other Foreign Language & Culture Books

by Virginia Institute Press

Communicative Focus: Teaching Foreign Language on the Basis of the Native Speaker's Communicative Focus, 2nd Edition, Boris Shekhtman – June 2015

Côte à côte : Etude comparative de l'anglais et du français (French/English), Jacques Bourgeacq – November 2015

Diagnostic Assessment at the Superior / Distinguished Threshold, Bella Cohen – January 2015

El Evangelio de Damasco (Spanish language fiction), Omar Imady – June 2015

How to Improve Your Foreign Language IMMEDIATELY, 3rd Edition. Foreign Language Communication Tools, Boris Shekhtman – January 2014

Individualized Study Plans for Very Advanced Students of Foreign Language, Betty Lou Leaver – July 2015

Passport to the World, 2nd Edition: Learning to Communicate in a Foreign Language, Rocío Txabarriaga & Inna Dubinsky, editors – September 2015

Poemas y Laberintos/Poems and Labyrinths (Spanish/English – reading, comprehension), Idy Linares – May 2015

Sonría y aprenda/Smile and Learn (Spanish/English – reading, comprehension, and vocabulary building), Idy Linares – September 2014

Coalition of Distinguished Language Centers Compilation: Conference proceedings and journal articles – July 2015

What Works: Helping Students Reach Native-Like Second-Language Competence, 2nd Edition. Txabarriaga, Rocío, editor. Authorial collective: Rajai Rasheed Al-Khanji, James Bernhardt, Gerd Brendel, Tseng Tseng Chang, Dan Davidson, Christian Degueldre, Madeline Ehrman, Surendra Gambhir, Jaiying Howard, Frederick Jackson, Cornelius Kubler, Betty Lou Leaver, Maria Lekič, Natalia Lord, Michael Morrissey, Boris Shekhtman, Kenneth Shepard, Svetlana Sibrina – May 2015

Working with Advanced Foreign Language Students, 2nd Edition. Boris Shekhtman – August 2015

www.virginiainstitutepress.com

Cette page a été laissée intentionnellement blanche
This page intentionally left blank

www.ingramcontent.com/pod-product-compliance
Lightning Source LLC
Chambersburg PA
CBHW032359040426
42451CB00006B/58